DIE REALITÄT HINTER DER REALITÄT

DOMINIC ANGELOCH

DIE REALITÄT HINTER DER REALITÄT

Verschwörungsdenken als moderne Denkform

Dominic Angeloch
Die Realität hinter der Realität
Verschwörungsdenken als moderne Denkform

ISBN (Print) 978-3-96317-352-3
ISBN (ePDF) 978-3-96317-911-2

Satz und Umschlaggestaltung: DeinSatz Marburg
Bildnachweis Umschlag: pixabay.com © knollzw (Ausschnitt)
Druck und Bindung: Totem.com.pl, Inowrocław, Polen
Die verwendeten Druckmaterialien sind zertifiziert als FSC-Mix.

Bibliografische Informationen der Deutschen Nationalbibliothek
Die Deutsche Nationalbibliothek verzeichnet diese Publikation in der Deutschen Nationalbibliografie, detaillierte bibliografische Angaben sind im Internet über http://dnb.de abrufbar.

www.buechner-verlag.de

INHALT

I. Verschwörung glauben: Geschichte und Urform des Verschwörungsdenkens

II. Verschwörung erzählen: Ästhetik und Poetik des Verschwörungsdenkens

III. Verschwörung denken: Logik und (Psycho-)Ökonomie des Verschwörungsdenkens

I.

VERSCHWÖRUNG GLAUBEN: GESCHICHTE UND URFORM DES VERSCHWÖRUNGSDENKENS

1. Verschwörungsdenken ist eine moderne Denkform, deren Urform der Glaube an eine freimaurerische Weltverschwörung ist

»Verschwörungen« sind in aller Munde, allem Anschein nach auch in immer mehr Köpfen. Eine »anthropologische Konstante«, wie immer wieder behauptet wird,[1] ist das Verschwörungsdenken jedoch keineswegs. Vielmehr muss es als eine dezidiert moderne Denkform charakterisiert werden.[2]

Ihr Ursprung ist historisch ziemlich genau auszumachen[3]: Das Aufkommen eines Denkens in oder von Theorien über Verschwörungen fällt zusammen mit dem Aufkommen der Aufklärung.[4] Es ist der Schatten aufklärerischen Fortschritts.

Urform des modernen Verschwörungsglaubens – welche spezifische Form er auch immer annehmen mag – ist dabei der Glaube an die freimaurerische Weltverschwörung, wie er sich beinahe zeitgleich mit dem Aufkommen der Freimaurerei zu Beginn des 18. Jahrhunderts bildete.[5] Ebenso wie die Organisation der Freimaurerei insgesamt geht er zugleich auch auf ältere Quellen zurück.[6]

Im Zuge ihrer symbolischen wie auch praktischen Selbstkonsolidierung haben die Freimaurer einen »way of worldmaking«[7] zurückgelegt, der nicht einfach in einer spekulativen Welterklärung oder einer voluntaristischen Entgegensetzung zur realen Welt mündete. Als Modell einer neuen Welt im Großen – einer wahrhaft aufgeklärten Gesellschaft – schuf die Freimaurerei in Vorwegnahme gesamtgesellschaftlicher Entwicklungen eine neue Welt im Kleinen. So entstand eine performative Ritualwelt, in der sich neue Umgangstugenden und soziale Verhaltensqualitäten ausprägten, ein kultureller Habitus formte, erprobte, modifizierte und jeweils erneuerte.

Für Verschwörungsdenker ist das eigentliche Geheimnis der Freimaurergemeinschaft die Weltverschwörung, die die bestehende Welt unterwandert und systematisch zerstört. Auch die am Modell des Freimaurerkosmos gebildeten Verschwörungsphantasmagorien behaupten also einen Weltbezug, zumal einen, der sich in der Gegenwart als Reaktion auf die Zwänge und Widersprüche der Globalisierung ausspricht. Dabei handelt es sich in der Regel nicht um rational zugängliche Argumente, sondern um ein Konglomerat aus Annahmen, Meinungen, Befürchtungen, Ängsten, das sich als Wissen über die Welt setzt.

Zweifellos ist dieses Konglomerat mit einem komplexen Wurzelwerk unterzogen, das auch in vormoderne Quellen zurückreicht. Setzt nicht schon jeder religiöse Glaube an eine Transzendenz, inklusive an den Teufel, eine Realität hinter der Realität? Und steht nicht bereits am Anfang der Zivilisationsgeschichte eine paranoide Wahrnehmung, die ein Außerhalb nicht ertragen kann, weil bereits die bloße Vorstellung eines solchen sich dem Zugriff entziehenden Draußen Angst erzeugt?[8] Verschwörern in vorkapitalistischen Zeiten aber ging es immer nur um die Eroberung eines territorial eng begrenzten Machtzentrums. Und dem Teufel war es zwar um die Herrschaft über die Welt zu tun, aber nur in Form der Herrschaft über die jeweils einzelne Seele.[9] Die materielle Vorbedingung des Modernen am modernen Verschwörungsdenken liegt in der globalen Dimension der Weltherrschaft, wie sie mit der tatsächlichen globalen Durchsetzung des Kapitalismus und einem Weltmarkt, der äquivalente Denkformen ebenso setzt wie er sie zur Voraussetzung hat, überhaupt erst vorstellbar wurde.

Historisch bildete sich die moderne Verschwörungsangst als Reaktion auf die Kultur des Arkanen aus, durch die sich die Freimaurer in der Frühzeit ihrer Organisation gegenüber der absolutistischen staatlichen und kirchlichen Macht absicherten. Geheim waren die aufklärerischen Geheimgesellschaften zunächst einfach aus pragmatischen Gründen, vor allem, um einen möglichst geschützten Rahmen für die Auseinandersetzungen zu bieten, die außerhalb ihrer, wo die Gesetze des Hofes und der Kirche galten, nicht möglich gewesen wären. Zum Schutz dieses Rahmens waren Mitglieder dieser Geheimgesellschaften, deren bald verbreitetste Form die Logen der Freimaurer waren, verpflichtet, über das Besprochene ebenso wie über die organisatorische und personelle Zusammensetzung der Gesellschaften Schweigen zu bewahren. Diese historische Realität freimaurerischer Geheimniswahrung aber war für das moderne Verschwörungsdenken von allem Anfang an immer nur äußerer Anlass. Seine wirklichen Motivationen liegen woanders.

Das »Wissen«, das Verschwörungsdenken generiert, ist voller Inkonsistenzen und Widersprüche, in sich, vor allem aber nach außen, in der Art seiner Bezugnahme auf die Welt, eine Bezugnahme, die eher als Welt*abwehr* wirkt und auch so zu funktionieren scheint: Gedanken, die sich nicht in dieses »Wissen« einpassen, werden entweder zielsicher identifiziert und brüsk abgelehnt oder so lange umgedeutet, bis sie sich einfügen und einen weiteren Aspekt des »Wissens« bilden, es bestätigen, sogar begründen. Ohne Logik geht das nicht. Es ist nur eine andere Logik als die, von der wir sprechen, wenn wir von Logik sprechen: Hier können sehr wohl eine Aussage und ihr Gegenteil zugleich gelten; die Schlussregeln klassischer Logik greifen hier nicht. Verschwörungsdenken und das »Wissen«, das es umfasst und generiert, zeichnen sich durch eine eigene Logik und eine eigene Systematik aus und sind von einer inneren Notwendigkeit, die fremd erscheinen mag, aber spürbar vorhanden ist.

Verschwörungsdenken, das ist wie blind in eine Wand zu schießen, Kreis um Kreis um das Einschussloch zu ziehen und schließlich zu sagen: »Ich habe genau gezielt – und ins Schwarze getroffen!« Je zahlreicher die Kreise, desto höher die Denkleistung; je größer ihr Radius, desto grandioser die Verschwörung.

»Das Ganze erscheint zwar sinnlos, aber in seiner Art abgeschlossen«.[10]

2. Das Spiel spielen Marionettenspieler

Ein Puppenspieler führt die an seinen Fäden hängende Gliedermarionette, bleibt selbst aber unsichtbar. Dieses Bild des Puppenspielers, dem Kontext des Theaters entnommen und zur Beschreibung gesellschaftlicher Verhältnisse überführt, ist im Verschwörungsdenken allgegenwärtig. Vertraut ist es aber auch darüber hinaus, der common sense kennt es als Metapher für eine sich dem Blick ganz entziehende und dennoch bzw. gerade deswegen allumfassende, sagenhafte, gottgleiche Macht. »Marionette« wird ein Mensch genannt, der von anderen wie ein Werkzeug benutzt wird; »Marionettenregierung« eine von einer fremden Macht eingesetzte und kontrollierte Regierung. Alle Fäden laufen beim »Strippenzieher« zusammen; er hält sie in der Hand.

Der *Inbegriff* einer sagenhaft mächtigen, internationalen Vereinigung, die verschwörerisch agiert, d.h. heimlich und aus uneinsehbarer Dunkelheit – unsichtbar – sämtliche politischen und kulturellen Umstände bestimmt, vor allem aber die ökonomischen Geschicke der Welt lenkt wie die Hand eines Puppenspielers eine Gliedermarionette, das war im modernen populären Allgemeinverständnis seit je »die Freimaurerei«. Diese Auffassung hat sich von allem Anfang der Freimaurerei als historischer Organisation gebildet und das Allgemeinverständnis seither maßgeblich geprägt.

Entscheidend zur Verbreitung dieser Ikonographie dürfte beigetragen haben, dass der verschwiegen vor sich hinarbeitende, listig-verschlagene bis geradewegs böse Freimaurer in öffentlichen Darstellungen so beliebter wie häufiger Gegenstand war.[11] Wie etwa in Kasperletheatern des 18. Jahrhunderts: *Polichinelle maître-maçon*[12] (»Polichinelle, der Freimaurermeister«) war ein solches besonders einflussreiches Stück: Vermutlich schon länger zuvor entstanden, erschien es 1744 erstmals gedruckt und zog dann eine Flut ähnlicher Stücke nach sich.

Die Protagonisten des Personals von *Polichinelle maître-maçon* sind Polichinelle, Arlequin, Pierrot und Scaramouche, allesamt Figuren, deren Charakteristik eine lange, bis zur *Commedia dell'arte* – dem italienischen Volkstheater des 16. bis 18. Jahrhunderts – zurückreichende (Theater-)Tradition hat.[13] Keine dieser Figuren ist positiv besetzt. Polichinelle ist der französische

Name für Pulcinella, ursprünglich eine Figur des süditalienisch-neapolitanischen Volkstheaters, die schlau und listig, zugleich aber einfältig und tölpelhaft ist, ein bäurischer Diener, der meist mit einem Buckel und einer langen Vogelnasenmaske dargestellt wurde; im Rahmen des Puppentheaters entspricht ihr im deutschen Sprachraum die Figur des Kaspers oder Hanswursts. Harlekin ist eine schillernde Figur, zugleich betrügerischer Gauner und Heiler, Dämon und Priester, Clown und Schamane.[14] Der Pierrot, auf Deutsch »Peterle«, hat eine Tendenz zu Melancholie und Naivität; die bekannteste spätere Ausformung dieser Gestalt dürfte der Weißclown des Zirkus sein. Der Name Scaramouche entstammt dem italienischen Wort für »Scharmützel«, hier mit einem Anklang an Wortgefechte; er ist ein Großmaul adeliger Herkunft, der mit aufschneiderischen Erzählungen seiner mehr erfundenen als erlebten Abenteuer auf aller Nerven fällt und im Rahmen der italienischen *Commedia dell'arte* schließlich meist vom Harlekin verprügelt wird.

Zwischen diesen Figuren, die bereits in der Angabe der Akteure als »francs-massons«, Freimaurer, identifiziert werden,[15] spielt das Theater, das *Polichinelle maître-maçon* als Puppentheaterstück inszeniert. Wie die Figuren im Einzelnen eingesetzt werden, was sie konkret tun, wie sich ihr Konflikt entfaltet und wie sie sich dabei verhalten, geht aus dem überlieferten Text nicht hervor. Der veröffentlichte Text des Stücks besteht lediglich aus einer Beschreibung des Setups, der Rahmenbedingungen des Stücks; deren konkrete Ausgestaltung war den einzelnen Inszenierungen überlassen und erfolgte jeweils unter karikierender Aufnahme des Tagesgeschehens.

Das Stück setzt ein mit dem Wunsch von Madame Catin, der Ehefrau von Polichinelle, unbedingt das Geheimnis der Freimaurerei zu erfahren. Madame Catin setzt ihre drei Töchter auf Polichinelle an, es ihm zu entlocken.[16] Dies ist die erste Intrige, aus der sich dann alle weiteren entfalten. Doch all diese listigen Versuche scheitern; Polichinelle schweigt und entzieht sich, von ihm ist einfach nichts zu erfahren. Die Weise, wie all diese verschiedenen Versuche verlaufen, gibt eine Regieanweisung an: »AIR: V'là ce que c'est qu'd'aller au bois«[17] – also etwa: »Nach der Art: So ist es, in die Irre geführt zu werden«.

Die Handlung des Stückes besteht ausschließlich aus verschiedenen Versuchen, dem Freimaurer das Geheimnis der Freimaurerei zu entlocken, und seine Pointe darin, dass keiner dieser Versuche gelingt. Die Zuschauer bleiben, wie wir aus der Beschreibung der Handlung erfahren, am Ende so schlau wie zuvor: »la pièce finit sans que le les spectateurs soit mieux instruits«.[18] Die Moral von der Geschicht also ist: Dem Freimaurer entlockst du sein Geheimnis nicht. Alle Intrigen, die in den Inszenierungen des Stückes jeweils zur Darstellung gebracht worden sind, laufen, und seien sie noch so schlau und verschlagen, gegenüber der immer noch größeren Schläue und Verschlagenheit des Freimaurers ins Leere.

Schwer vorzustellen, dass Stücke mit einer solch dünnen Handlung Erfolg gehabt haben sollen. Aber so war es: *Polichinelle maître-maçon* zog Massen auf die Marktplätze und wurde unzählige Male nachgeahmt und variiert. Das Stück vermochte also den damaligen Zeitgeist sowohl pointiert zu fassen als auch ihn zu prägen. Ein solch durchschlagender Erfolg aber ist nur möglich, wenn das Stück die Bedürfnisse des Publikums nach Unterhaltung ebenso wie die nach manifestem Ausdruck einer womöglich nur latent vorhandenen, (noch) nicht ausgestalteten Regung befriedigt: Unterhalten konnte das Stück nur, wenn es ohnehin vorhandene Haltungen des Publikums bestätigte.

Nur eine einzige wörtliche Rede des Polichinelle ist im veröffentlichten Text von *Polichinelle maître-maçon* zu finden. Dies ist, was Polichinelle zu sagen hat:

> »In unseren Logen bauen wir / Das sind die Freimaurer / Auf Tugenden errichten wir / Alle unsere Werke / Und nie sind Laster / In unsere Häuser eingedrungen / Das sind die Freimaurer / Das tun sie.« (»Dans nos loges nous batissons / V'là ce que c'est qu'les francs-maçons / Sur les vertus nous élevons / Tous nos édifices / Et jamais les vices / N'ont pénétré dans nos maisons / V'là ce que font les francs-maçons.«)[19]

Das ist eine zwar etwas kurz angebundene, aber durchaus zutreffende Beschreibung der freimaurerischen Ethik und Logenarbeit, wie sie Freimaurer auch selbst geben würden bzw. sie zu dieser Zeit tatsächlich gegeben haben. Eine etwas ausführlichere Beschreibung: Der spekulative Freimaurer wirkt in der sogenannten »Tempelarbeit« in der symbolisch bauenden Gemeinschaft im Dienste des »großen Baumeisters aller Welten«, der Vernunft (oder, etwas traditioneller ausgedrückt: Gott). Die äußere Ordnung der Rituale spiegelt dabei eine innere Ordnung des Geistes ebenso wieder wie sie sie auch formen soll. Die Taten des Freimaurers in der Welt sollen, wo immer er sich auch bewegt, durchdrungen sein von der Ausrichtung an der Vernunft.

Der Zusammenhang des Stücks *Polichinelle maître-maçon* aber suggeriert, dass das nicht die *wirkliche* Wirklichkeit ist. Nicht sein kann: Da ist *mehr* und *anderes*. Was der Freimaurer Polichinelle und mit ihm überhaupt alle Freimaurer von sich selbst sagen, ist immer nur ein *red herring*, eine falsche Fährte, auf die alle gelockt werden, die ihm überhaupt zuhören und glauben, was er über sich und sein Werk sagt. Die Wirklichkeit aber ist eine *ganz* andere, und da diese schlechterdings nicht erfahrbar ist, muss sie phantasiert werden. Und selbst wenn das Geheimnis in Wirklichkeit kein Geheimnis wäre, weist das Geheimnis, das keines ist, ja vielleicht auf ein Geheimnis, das noch viel tiefer liegt, noch viel unvorstellbarer, unendlich *ungeheuerlicher* ist?

Liest man das Stück und seinen Erfolg in der damaligen Öffentlichkeit als Auskunft über die Haltung des zeitgenössischen Publikums in Bezug auf die Freimaurerei, so lässt sich, bei aller Vorsicht, die man bei historischen Deduktionen dieser Art gewiss walten lassen muss, zumindest zweierlei festhalten: Das Interesse des Publikums am Geheimnis der Freimaurerei muss riesig gewesen sein. Zugleich schien die Überzeugung vorherrschend, dieses Geheimnis niemals zu erfahren. Eine solche Konstellation aber deutet auf einen Wunsch. Das Geheimnis *soll* gar nicht gelüftet werden, sondern als solches erhalten bleiben. Es ist Bedürfnis an sich.

Dass die freimaurerische Gliedermarionette die Geschicke der Welt lenkt, das war seit Beginn des modernen Verschwörungsglaubens ausgemacht. *Wie* sie das tut, das blieb und bleibt bis heute immer ebenso unklar wie zu welchem Ende. Das darf aber nicht verwundern, schließlich ist es das Geheimnis einer Geheimorganisation.

3. Konspiration und Aufklärung

Einen inneren Zusammenhang von Geheimbünden, Konspiration und Aufklärung als geschichtlicher Tat gibt es tatsächlich – nur ganz anders, als das im Verschwörungsdenken gedacht wird.

Was ist Aufklärung? Nach Immanuel Kants Definition

> »der Ausgang des Menschen aus seiner selbstverschuldeten Unmündigkeit. Unmündigkeit ist das Unvermögen, sich seines Verstandes ohne Leitung eines anderen zu bedienen. Selbstverschuldet ist diese Unmündigkeit, wenn die Ursache derselben nicht am Mangel des Verstandes, sondern der Entschließung und des Mutes liegt, sich seiner ohne Leitung eines anderen zu bedienen.«[20]

Aufklärung, das ist, wie Kant später an anderer Stelle schreibt, die konkrete Verwirklichung der allgemeinen »Maxime, jederzeit selbst zu denken«.[21]

Das ist meisterlich formuliert, kürzer, pointierter und zugleich prägnanter lässt es sich nicht ausdrücken. Heute aber klingt es – nichtssagend. Probe aufs Exempel: Haben Sie, Leser dieser Zeilen, schon beim Anklang des Zitats lediglich mechanisch weitergelesen, oder das Zitat gleich übersprungen?

Und das nicht nur, weil wir diese Definitionen von Aufklärung schon so oft gehört und gelesen haben, dass sie uns aus den Ohren kommen. *Natürlich* bedienen wir uns unseres »Verstandes ohne Leitung eines anderen« – wie sonst? *Natürlich* denken wir »jederzeit selbst« – wer sonst? Wir wähnen uns so aufgeklärt wie nie. Was »Aufklärung« sein soll, können wir *nicht mehr hören*, und zwar ganz buchstäblich.

Doch wir sind, wo und wie wir sind, ebenso wie das, was wir überhaupt sein können, aufgrund ganz bestimmter Voraussetzungen. Dass es die Möglichkeit, »jederzeit selbst zu denken«, überhaupt gibt, erscheint uns heute als selbstverständlich (unter der nicht ganz unerheblichen Voraussetzung freilich, dass wir Bürger westlicher Staaten sind). Als »selbstverschuldet«

kann eine »Unmündigkeit« des Individuums allerdings erst gelten, seit die gesellschaftlichen Voraussetzungen für die Lösung aus den verschiedenen materiellen und ideellen Unfreiheiten geschaffen worden waren und es so etwas wie ein Individuum überhaupt gab, dem man die Aufgabe, Eigenverantwortung zu übernehmen, Selbstbestimmung für sich zu suchen und zu verwirklichen, zusprechen konnte. Diese Freiheit aber gründet, ebenso wie die gesellschaftliche Daseinsform des Individuums, auf geschichtlichen Entwicklungen. Aufklärung ist kein Zustand, sie ist ein Prozess, und bevor es ein individueller Prozess sein konnte, war es ein historischer.

Die Aufklärung als ganze ist, ebenso wie die Herausbildung der Rationalität und des »Geistes« überhaupt,[22] keine lediglich geistesgeschichtliche Angelegenheit, und die »Dialektik der Aufklärung entspringt [...] nicht nur ihr selbst, sondern mehr noch der geschichtlichen Situation, in der sie sich entfaltet«.[23] Die Aufklärung ebenso wie ihre innere Dialektik ist unauflöslich an den geschichtlichen Aufstieg des Bürgertums gebunden. Der materielle Grund des von der Aufklärung propagierten Fortschritts, die in ihren frühesten Formen zuerst ab etwa 1650 aufkommende Forderung der Ablösung ständischer und religiöser Strukturen, von Aberglauben und dunklem Mystizismus durch die Herrschaft der Vernunft und ihrem objektiven äußeren Ausdruck, dem modernen Verfassungsstaat mit entsprechenden rationalen, egalitären, rechtsgeleiteten Produktions- und Verkehrsformen, fällt mit dem realgeschichtlichen Fortschritt des Bürgertums als treibender und langsam, aber sicher immer mächtiger werdender gesellschaftlicher Kraft im endenden 17. Jahrhundert zusammen. Die »höchst revolutionäre Rolle« des Bürgertums in der Geschichte besteht materiell in der Auflösung »alle[r] feudalen, patriarchalischen, idyllischen Verhältnisse«[24] und ideell in der Aufhebung der überkommenen Vorstellungen, die diese Verhältnisse sowohl festigten als auch (re-)produzierten. Die Ideen der Aufklärung – von der Grundidee eines Ausgangs aus der Unmündigkeit über den Kampf für die Gedankenfreiheit, ja: moralischen Verpflichtung, sich seines eigenen Verstandes, der eigenen Urteilskraft ohne Leitung eines anderen zu bedienen, bis hin zu Religionsfreiheit und Toleranz – lassen sich so als der ideelle, sich in der Sozialsphäre manifestierende Ausdruck der vom Bürgertum vorangetriebenen ökonomischen Entwicklungen verstehen:

> »Als die christlichen Ideen im 18. Jahrhundert den Aufklärungsideen unterlagen, rang die feudale Gesellschaft ihren Todeskampf mit der damals revolutionären Bourgeoisie. Die Ideen der Gewissens- und Religionsfreiheit sprachen nur die Herrschaft der freien Konkurrenz auf dem Gebiet des Wissens aus.«[25]

Die Aufklärung als geschichtliche Bewegung war also zunächst eine Angelegenheit des sich entfaltenden Bürgertums, konnte aber in progressiven Adligen schon früh Verbündete für sich gewinnen, die sich gegen den Absolutismus, dann auch gegen die Monarchie als Staatsform überhaupt richteten. Aus ihr wurde ab dem ausgehenden 17. Jahrhundert eine internationale Bewegung, die weitgreifende Veränderungen bewirkte: Auf ihren Impuls entstand der aufgeklärte Absolutismus Preußens oder Österreichs; ihre republikanischen Ideale wurden mit der Gründung der USA verwirklicht; und die Amerikanische Revolution von 1776 ist ebenso direkt auf ihr Wirken zurückzuführen wie die Französische Revolution von 1789.

Dieser historische Prozess der Aufklärung lässt sich dabei als »spezifische Antwort auf das System des Absolutismus«[26] begreifen, die wesentlich aus einer schrittweisen Ausweitung jenes privaten Innenraums, auf den der absolutistische Staat seine Untertanen beschränkt hatte, in die Öffentlichkeit besteht:

> »Der Aufbruch der bürgerlichen Intelligenz erfolgt aus dem privaten Innenraum, auf den der Staat seine Untertanen beschränkt hatte. Jeder Schritt nach außen ist ein Schritt ans Licht, ein Akt der Aufklärung. Die Aufklärung nimmt ihren Siegeszug im gleichen Maße als sie den privaten Innenraum zur Öffentlichkeit ausweitet. Ohne sich ihres privaten Charakters zu begeben, wird die Öffentlichkeit zum Forum der Gesellschaft, die den gesamten Staat durchsetzt. Schließlich wird die Gesellschaft an-

> pochen an den Türen der politischen Machthaber, um auch hier Öffentlichkeit zu fordern und Einlaß zu erheischen.«[27]

Die Speerspitze der Aufklärung in ihrer Frühzeit waren, insbesondere in Sachen Organisation und (Selbst-)Reflexion, die damaligen Freimaurerlogen. Der Name »Freimaurer« leitet sich aus dem englischen Begriff »freemasons« ab, die Organisationsform der freimaurerischen Logen vom Wesen der Bauhütten (»lodges«), wie es sich unter den vor allem mit dem Bau gotischer Kathedralen, Universitäten oder staatlicher Repräsentationsgebäude befassten Handwerkern des Mittelalters ausgebildet hatte. »Frei« waren die den Bauhütten der gotischen Kathedralen zugeordneten Maurer, weil sie nicht lokalen Zünften unterstanden, sondern als unabhängige Mitglieder internationaler Steinmetzbrüderschaften überall in Europa auf Großbaustellen arbeiteten, etwa der Kathedralen St. Paul's, Nôtre Dame de Paris, in Chartres, Milano, Sevilla oder Köln. Diese Steinmetzbrüderschaften tauschten sich untereinander über ihre handwerklichen Fähigkeiten aus, nach außen aber wahrten sie ihre Werkgeheimnisse sorgsam.

In Abgrenzung von diesen mittelalterlichen Zusammenschlüssen aktiver, »operativer« Steinmetze nannten sich die Freimaurerlogen der Aufklärung »angenommene«, »spekulative Maurer« (»accepted masons«).[28] Gegenstand der Bauarbeiten der aufklärerischen Freimaurer nämlich waren nicht mehr, wie bei der »Werkmaurerei«, sakrale oder staatliche Repräsentationsbauten, sondern das *Selbst*, der eigene Geist und die Sitten, die stetig behauen und verbessert werden sollten wie ehedem die Steine, die von den operativen Maurern gemäß ihrer Werkgeheimnisse kunstfertig zu architektonischen Wunderwerken gefügt wurden. Die Steinmetzbrüderschaften des Mittelalters hatten sich Verfassungen gegeben und ihre Mitglieder in Logen und drei Graden – Lehrling, Geselle, Meister – organisiert. Diese Organisationsform übernahmen die Freimaurer der Aufklärung ebenso wie Initiations- und sonstige Brüderschaftsrituale sowie Symbole – wie etwa Zirkel, Winkelmaß, Hammer oder Senkblei –, verliehen ihnen aber jeweils völlig neue Bedeutungen im Sinne der Arbeit an sich selbst und der entsprechenden Stufen der Erkenntnis von Welt und Selbst.

Wiege und erstes Zentrum des modernen Bürgertums und der Aufklärung ebenso wie der Freimaurerei war England, damals das weltweit fortgeschrittenste Land, ökonomisch und technisch, aber auch in seinen gesellschaftlich-politischen Strukturen. Seit der *Glorious Revolution* von 1688/89, die die Grundlage für das bis heute geltende britische parlamentarische Regierungssystem geschaffen hatte, herrschte reale gesamtgesellschaftliche Liberalität, die das Logenwesen der Freimaurer ebenso hervorbrachte wie sie es auch prägte: Im Tagesgeschäft konnte man sich tagsüber im Parlament als Vertreter von Whigs oder Tories streiten, abends in der Loge ungeachtet der ständischen oder konfessionellen Zugehörigkeit brüderlich debattieren.

1717 schlossen sich in England vier Freimaurer-Logen zur ersten Großloge zusammen und gaben sich wenig später eine Konstitution, die *Constitutions of the Free-Masons* aus dem Jahr 1723. Deren wichtigsten Teil bilden die sogenannten »Alten Pflichten« (»The Charges of a Free-Mason«), in der die Ziele der Freimaurer festgehalten und ihr Verhalten innerhalb der Logen ebenso wie nach außen hin geregelt wurden. Die sechs Verpflichtungen regeln die »Pflichten gegen Gott und die Religion« (I); gegen die staatliche Obrigkeit (II); das Verhalten innerhalb der freimaurerischen Logen (III); deren innere Hierarchie (IV.); die freimaurerische Tätigkeit selbst (V.); sowie das Verhalten des Freimaurers innerhalb und außerhalb der Loge (VI).[29]

Der spekulative Freimaurer wirkt in der sogenannten »Tempelarbeit« in der symbolisch bauenden Gemeinschaft im Dienste des »großen Baumeisters aller Welten«. Die äußere Ordnung der freimaurerischen Rituale spiegelt dabei eine innere Ordnung des Geistes ebenso wider wie sie sie auch formen soll. Der Darstellung von James Andersons *Constitutions* von 1723 zufolge ist die Geschichte der Freimaurerei denn auch nichts anderes als die Geschichte des Geistes und des menschlichen Wissens überhaupt:

> »Nachdem der allmächtige Baumeister und Groß-Meister der gantzen Welt alle Dinge sehr gut, und der Geometrie gemäß, erschaffen hatte, so machte er gantz zuletzt den Adam nach seinem Ebenbilde, und grub dessen Hertzen besagte edle Wissenschafft ein.«[30]

Das Geheimnis, das die Freimaurer bewahren und zugleich bearbeiten, wäre nach dieser frühen Fassung der Geschichte der spekulativen Freimaurerei »nicht mehr und nicht weniger als [die] Weisheit Adams, der sie von Gott selbst empfangen hat und deren Zentrum die Geometrie bildet, die Gott selbst als erster Großmeister seinem Schöpfungswerk zugrunde gelegt hat«[31].

Die freimaurerische Bestimmung der Instanz »Gott« aber war in den freimaurerischen Konstituten so breit gefasst, dass jeder sich darunter vorstellen konnte, was er wollte. Verpflichtet war jeder Freimaurer nicht einem religiösen, sondern dem Sittengesetz. Unter einem moralischen Gesetz versteht man gemeinhin etwas, das religiöse und staatliche Organisationen festlegen und durchsetzen. Die freimaurerische Pointe hingegen besteht darin, dieses Gesetz nicht außerhalb des Menschen zu verorten, sondern in ihm: Jeder, so die maurerische Überzeugung, wie sie zuerst Anderson formulierte, findet das moralische Gesetz in sich selbst, über die Vernunft, die jedem Menschen mit der Geburt eingegeben ist. Freimaurer sind nicht auf ein bestimmtes Glaubensbekenntnis festgelegt, sondern lediglich auf die Annahme eines höheren Wesens überhaupt; über dessen Beschaffenheit sollte jedoch jeder selbst urteilen und ansonsten tolerant gegenüber den Auffassungen der anderen sein: »'tis now thought more expedient only to oblige them to that Religion in which all Men agree, leaving their particular Opinions to themselves; that is, to be good Men and true, or Men of Honour and Honesty, by whatever Denominations or Persuasions they may be distinguish'd«.[32]

Oberste Grundsätze der Freimaurerei waren Freiheit, Gleichheit, Brüderlichkeit, Toleranz und die Verpflichtung auf die Humanität. Alle Freimaurer sollten im Logenleben und außerhalb auf die Schaffung von Verhältnissen hinwirken, in denen jeder Mensch seinen Geist gemäß der in ihm angelegten Begabung zur Vernunft frei und ohne Unterdrückung gebrauchen und entfalten kann. Der Umgang mit anderen sollte stets brüderlich, von Mitgefühl, Verantwortung und der ständigen Bemühung um Verständigung geleitet sein. Potentielle oder tatsächliche Konflikte, wie sie etwa in Fragen der Konfession bestanden oder aus unterschiedlichen nationalen Standpunkten folgten, sollten im Geiste der Toleranz, im Vertrauen auf die Vernunft und Sittlichkeit des anderen und mittels Geltenlassen der jeweils anderen Meinung und aktiver Auseinandersetzung mit ihr geführt werden.

Die freimaurerischen Regelungen waren in der damaligen, noch von Konfessionskriegen und Kleinstaaterei geprägten Zeit revolutionär, denn »[i]n der Freimaurerei wird die bürgerliche Morallehre sozial verwirklicht«.[33] Als revolutionär aber verstanden sich die Freimaurer nicht, im Gegenteil, ihre Verfassung gab ihnen vor, »gute und rechte« Menschen in ihrem jeweiligen Staat und ihrer jeweiligen Konfession zu sein. So heißt es in der II. Pflicht: »A Mason is a peaceable Subject to the Civil Powers, wherever he resides or works, and is never to be concern'd in Plots and Conspiracies against the Peace and Welfare of the Nation, nor to behave himself undutifully to inferior Magistrates«.[34]

Oberstes Gebot und Verpflichtung war die Ausrichtung des Denkens und Handelns an den Geboten der aufgeklärten Vernunft. Wie dieses allgemeine Ziel der Humanität konkret zu erreichen war, oblag jedoch, wie auch Fragen der Konfession oder des Verhaltens in Staats-, Wirtschafts- und anderen Fragen, jedem Logenmitglied selbst, und die Freimaurerlogen als solche enthielten sich jeder Parteinahme in öffentlichen Angelegenheiten, ein häufig wiederholter und betonter Grundsatz, der allgemein galt (in den verschiedenen Nationen, Traditionen, Logen aber jeweils unterschiedlich umgesetzt wurde).

Um das Logenleben mit freien Debatten zu ermöglichen, waren die Maurer an die Einhaltung des Arkanprinzips gebunden und dazu verpflichtet, in allen maurerischen Dingen Geheimhaltung zu wahren, d.h. über das, was in den Logen vorging, lediglich mit Eingeweihten und außerhalb der Loge niemals zu sprechen. In diesem so entstehenden Schutzraum waren die gesellschaftlichen, außerhalb der Loge geltenden Regeln außer Kraft gesetzt:

> »Scheinbar ohne den Staat zu tangieren, schaffen die Bürger in den Logen, diesem geheimen Innenraum im Staate, in eben diesem Staat einen

Raum, in dem – unter dem Schutz des Geheimnisses – die bürgerliche Freiheit bereits verwirklicht wird. Die Freiheit im geheimen wird zum Geheimnis der Freiheit.«[35]

Wie der Historiker Reinhart Koselleck in seinem bahnbrechenden Werk *Kritik und Krise* – einer, so der Untertitel: *Studie* zur *Pathogenese der bürgerlichen Welt*[36] – zeigt, bildeten die Freimaurerlogen recht rasch nach ihrer ersten Gründung in England eine indirekte Gewalt aus, die sich zunächst ungewollt, dann in ihrer weiteren, rasch erfolgenden internationalen Ausbreitung teilweise, vor allem in Frankreich, auch intentional gegen das Gewaltmonopol des absolutistischen Staates richtete:

> »Zwei gesellschaftliche Formationen haben auf dem Kontinent das Zeitalter der Aufklärung entscheidend geprägt: die Republique des lettres und die Logen der Freimaurerei. Aufklärung und Geheimnis treten von Anbeginn auf als ein geschichtliches Zwillingspaar.«[37] »Die Logen der Maurer sind die für das neue Bürgertum typische Bildung einer indirekten Gewalt im absolutistischen Staat. [...] Die Maurer haben den außerstaatlichen geistigen Innenraum, den sie mit den anderen bürgerlichen Gemeinschaften teilten, von vornherein und ganz bewußt mit einem Geheimnis umgrenzt und zum Mysterium erhoben.«[38]

In ihrem Buch *Die Rituale der Freimaurer. Zur Konstitution eines bürgerlichen Habitus im England des 18. Jahrhunderts* beschreibt Kristiane Hasselmann diesen Zusammenhang im Anschluss an Kosellecks Studie so:

> »Der Besitz besonderer Kenntnisse der Natur, mathematischen und mechanischen Wissens, das traditionell und zum Schutze der Allgemeinheit unter Verschluss gehalten wird [...], soll einen Bannkreis um die Gemeinschaft ziehen [...]. Die Freimaurer stellen ihre eigenen, geschlossenen Foren her, in denen sie geschützt und im Kreise Gleichgesinnter Selbstentwürfe erproben und ihrer gegenseitigen sozialen Wertschätzung Ausdruck verleihen, wo Identitäten vor und durch den prüfenden Blick

> signifikanter Anderer konstituiert werden. Ihr Zusammenschluss zu einer geschlossenen Gemeinschaft bedeutet nicht den gesellschaftlichen Rückzug. Vielmehr dienen die geschlossenen Zirkel der vorweggenommenen Erprobung von Selbstentwürfen, die in exoterischer Sphäre, d.h. im sozialen Alltag außerhalb des Logenhauses Bestand haben sollen. Das gemeinschaftliche Geheimnis und die gesellschaftlichen Statuten sichern einen, staatlicher Kontrolle entzogenen Freiraum, in dem neue Handlungsmuster erprobt werden können, um diese später öffentlich wirksam werden zu lassen.«[39]

In der Frühphase der Aufklärung waren ein Großteil der bedeutenden Persönlichkeiten des geistigen Lebens Freimaurer (so etwa, um nur einige wenige Namen zu nennen, Voltaire, Rousseau, Diderot und d'Alembert in Frankreich; Wieland, Herder, Goethe, Knigge, Lessing in Deutschland; George Washington und Benjamin Franklin in den sich bildenden USA etc.). So kann man von einem engen personellen und institutionellen Zusammenhang, wenn nicht gar einer weitgehenden Identität von Aufklärungsbewegung, Geheimbünden und sich herausbildendem Bürgertum zu dieser Zeit ausgehen. In seinen 1767–1778 verfassten *Gesprächen für Freymäurer*, in denen die Freimaurerei auf ihren – spekulativen – Begriff gebracht wird, geht Gotthold Ephraim Lessing so weit, die Freimaurerei als »nichts willkührliches, nichts entbehrliches: sondern etwas nothwendiges« zu bestimmen, »das in dem Wesen des Menschen und der bürgerlichen Gesellschaft gegründet ist«[40] – denn:

> »Ihrem Wesen nach ist die Freymaurerey eben so alt, als die bürgerliche Gesellschaft. Beyde konnten nicht anders als miteinander entstehen — Wenn nicht gar die bürgerliche Gesellschaft nur ein Sprößling der Freymaurerey ist. Denn die Flamme im Brennpuncte ist auch Ausfluß der Sonne.«[41]

In *diesem ganz bestimmten Sinne* lässt sich mit Recht von einer »Konspiration« sprechen (lat. »conspiratio«, von »con« und »spirare«, wörtlich übersetzt:

»miteinander atmen«): nämlich dem »Gleichklang«, der »Übereinstimmung«, der »Einmütigkeit« der größten Geister der Frühaufklärungszeit, über nationale, ständische und konfessionelle Grenzen hinweg.

Aufklärung war ein Universalprojekt, ihr Ziel die Verwirklichung der Vernunft in einem wahrhaft vernünftigen Gemeinwesen. In ihrer Frühzeit war das Ziel dieses Universalprojekts zugleich auch ein Geheimnis, und die Art der historischen Umsetzung des Geheimnisses der Aufklärung war – aus schierer Notwendigkeit – die Konspiration.

In Lessings spekulativem Begriff war Freimaurerei diejenige aufklärerische Organisation, die darauf hinarbeitet, dass diese Trennungen unter den Menschen aufgehoben werden: Freimaurer sind die, »die sich mit zu ihrem Geschäfte gemacht hätten, jene Trennungen, wodurch die Menschen einander so fremd werden, so eng als möglich wieder zusammen zu ziehen«.[42] Das Geheimnis der Freimaurerei besteht in dem Bestreben und der konspirativen, beständig untergründig verlaufenden Arbeit in Richtung auf die Verwirklichung einer »Ordnung [...] ohne Regierung«[43], einer staatenlosen Weltgesellschaft, in der alle Trennungen zwischen den Menschen aufgehoben sind, es also keine Nationen, keine Stände und keine Konfessionen mehr gibt. Und freilich auch keine Tyrannen und keine Regierung mehr, denn das Prinzip, das über Sittlichkeit und vernünftiges Gemeinwesen bestimmt, trägt jeder Mensch qua Geburt in sich: die Vernunft.

4. Das Geheimnis des Kosmopolitenordens – ist keines

In nichts ist so viel hineingeheimnisst worden wie in die Frage der Auslegung des Geheimnisses der Freimaurer. Bereits in der Frühzeit ihrer Entstehung sollte die Freimaurerei selbst sich ausgehend von dieser Frage und der Einschätzung ihrer Konsequenzen in vielerlei Fraktionen spalten, die sich grob einem vernunftorientiert-radikalaufklärerischen und einem regressiv-mystizistischen Teil zuordnen lassen. Hier setzen die zeitgenössischen obskurantistischen Phantasien an, die ihr Fortleben bis in das paranoide Verschwörungsdenken haben, das bis in unsere Gegenwart so grell blüht.

1778 erschienen, eröffnen Lessings *Gespräche für Freymäurer* »einen völlig neuen Horizont«.[44] Zu einem Zeitpunkt entstanden, als die deutsche Freimaurerei zu großen Teilen selbst schon nicht mehr aufklärerisch, sondern sich dem Mystizismus und Obskurantismus ergeben hatte, wird in Lessings *Gesprächen* eigentlich alles, was zuvor über Freimaurerei geschrieben wurde, aufgehoben, im dialektischen Sinne des Begriffs, also: destruiert; konserviert; auf eine neue Stufe gehoben. Worum es in diesen *Gesprächen* geht, gibt gleich eingangs die – vermutlich von Lessing selbst verfasste – vorangestellte »Vorrede eines Dritten« an: die »wahre *Ontologie* der Freymäurerei« – der »Begriff von ihrer *Wesenheit*«.[45] Das heißt, viel zu versprechen; in diesem Falle aber, und erst recht im Hinblick auf den deutschen Kontext, ist es keineswegs zu viel. Lessing war selbst Freimaurer, und wie die zeitgenössischen Freimaurer vor ihm und Christoph Martin Wieland unmittelbar nach ihm verhandelt Lessing zentrale Fragen der Aufklärung zusammen mit dem Problem des Geheimnisses der aufklärerischen Geheimbünde. Nur fallen Lessings und Wielands Antwort auf dieses Problem eben ganz anders aus als die Antwort der zumeist schon nicht mehr aufklärerischen deutschen Geheimbünde selbst.

In einen ersten Kontakt mit der Freimaurerei war Lessing wohl über seinen Verleger Christian Heinrich Voß gekommen, und er scheint dann rasch den Beschluss gefasst zu haben, selbst Freimaurer werden zu wollen. Urteilt man nach einem 1751 entstandenen Jugendgedicht – das Lessing später, 1771, nicht in eine Sammlung seiner Gedichte aufnahm –, stand Lessing gewissen Zügen des Freimaurertums jedoch schon lange vor seinem Eintritt in eine Loge skeptisch gegenüber, wenn sie ihn nicht gar rundweg befremdet haben. Lessings Skepsis entzündete sich schon damals an der Frage des Geheimnisses.

Das Geheimniß ist auch der Titel von Lessings Jugendgedicht. Es gibt ein Gespräch zwischen Hans und einem Pater wieder, zum großen Teil – sehr unlyrisch – in direkter Rede.[46] Hans, »noch jung, doch ohne Ruhm, / So jung er war, von Herzen dumm«, kommt zur Beichte zum Pater, hat allerdings nicht viel zu beichten, zum Befremden des Paters: »›Sonst weißt du nichts? das wäre schlecht! / So wenig Sünden? Hans besinn dich recht.‹«[47] Hans besinnt sich, dass es da wohl doch ein Geheimnis gebe, das er aber schlecht aussprechen könne – woraufhin der Pater, zunehmend in Rage geratend, versucht, ihm das Geheimnis zu entlocken. Eine der Pointen dabei ist, dass der Pater im nun folgenden verhörgleichen Hin und Her Hans allerlei Sünden beizulegen versucht, die eben er kennt, sei es aus früheren Beichten, aus seiner Phantasie oder auch eigenen Taten – Hurerei, kleine und große Verbrechen. Des jungen und dummen Hans' Geheimnis betrifft jedoch nichts davon. Auf die Drohung des Paters, dass Hans aus Jesu und Marias Gnade falle, wenn er das Geheimnis nicht beichte, gerät Hans in Angst und gibt es schließlich preis:

»Er weint und sprach voll Reu: ›Ich weiß‹ – – ›Das weiß ich schon,
Daß du was weißt; doch was?‹ – – ›Was sich nicht sagen läßt‹ – –
›Noch zauderst du?‹ – – ›Ich weiß‹ – – ›Was denn?‹ ›Ein Vogelnest.
Doch wo es ist, fragt nicht; ich fürchte drum zu kommen.
Vorm Jahre hat mir Matz wohl zehne weggenommen.‹
›Geh Narr, ein Vogelnest war nicht der Mühe werth,
Daß du es mir gesagt, und ichs von dir begehrt.‹«[48]

Aus dem Gedicht ließe sich gewiss ein theologischer Kommentar Lessings zum (besonders katholischen) Christentum und dessen Gepflogenheiten destillieren – immerhin war Lessing später einer der Protagonisten im sogenannten »Fragmentenstreit«, einer der wichtigsten Streitdebatten zwischen dogmatischem Christentum und rationalistisch-humanistischer Aufklärung, die von den von Lessing publizierten *Fragmenten eines Ungenannten* angestoßen wurden und deren Höhepunkt Lessings *Anti-Goeze* (1778) bilden sollte. Dazu wäre die im Gedicht erzählte Begebenheit jedoch etwas zu läppisch, und die Ironie zu wohlfeil.

Auf das Gespräch zwischen Hans und dem Pater allerdings folgt noch eine Nachschrift, in der das lyrische Ich, das bisher nur in den einleitenden acht Versen gesprochen hatte, das Geheimnis des Gedichtes *Das Geheimniß* preisgibt. Da heißt es: »Ich kenn ein drolligt Volk, mit mir kennt es die Welt, / Das schon seit manchen Jahren / Die Neugier auf der Folter hält, / Und dennoch kann sie nichts erfahren.«[49] Um ganz sicher zu gehen, dass auch ein jeder erkennt, von was hier die Rede ist, fügt Lessing dem Gedicht in der Ausgabe von 1753 sogar eine Fußnote bei, in der er sagt, welches drollige Volk gemeint ist: »Die Freymäurer«.[50] Und an dieser Stelle nimmt das Gedicht, das als leichtfüßige Gelegenheitssatire begonnen hatte, den Charakter eines Lehrgedichtes an:

> »Hör auf, leichtgläubge Schaar, sie forschend zu umschlingen!
> Hör auf, mit Ernst in sie zu dringen!
> Wer kein Geheimniß hat, kann leicht den Mund verschliessen.
> Das Gift der Plauderey ist, nichts zu plaudern wissen.
> Und wissen sie auch was, so kann mein Mährchen lehren,
> Daß oft Geheimnisse uns nichts Geheimes lehren,
> Und man zuletzt wohl spricht: War das der Mühe werth,
> Daß ihr es mir gesagt, und ichs von euch begehrt?«[51]

Deutlicher lässt es sich nicht sagen. Das Geheimnis des Geheimbundes der Freimaurer – ist keines. Darum sei man gut beraten aufzuhören, es erfahren zu wollen, denn wo nichts ist, lässt sich auch nichts entdecken.

Zusammengenommen mit der Geschichte vom Hans und dem Pater wird jedoch auch deutlich, dass Lessing bereits hier *beide* Seiten zur Ordnung ruft: das gerüchtgeheimnissende Volk *und* die Freimaurer. Die

Öffentlichkeit soll aufhören, bloße Phantastereien zu erdenken und sich das Maul über nichts zu zerreißen. Und die Freimaurer sollen aufhören, geheimbündisch und darum formal, wenn nicht auch inhaltlich obskur zu verfahren, wenn sie denn wirkliche Aufklärer sind.

Die Pointe der ganzen Sache mit dem Geheimnis aber liegt in Lessings Hinweis an beide Seiten, dass die Behauptung eines Geheimnisses das Geheimnis mitsamt entsprechender Projektionen und Gerüchte überhaupt erst *schafft*. Ein solcher Mechanismus kann nicht aufklärerisch sein – er ist einfach nur lächerlich. Das Geheimnis der aufklärerischen Geheimbünde also ist für Lessing bereits in seiner Jugend so etwas wie die Kinderkrankheit der Aufklärung, so wie auch Hans »noch jung [war], doch ohne Ruhm, / So jung […], von Herzen dumm«.

Johann Joachim Christoph Bode, Verleger, Freund Lessings und selbst Aufklärer, veröffentlichte sieben Jahre nach Lessings Tod einen Bericht, dem zufolge bereits 1767 ein erster gedanklicher Entwurf Lessings über das »Geheimnis der Freimaurerei« entstanden sei[52] – also genau im selben Jahr, als Lessing Bode um Aufnahme in die von ihm betreute Loge bat. Bodes Versuch, Lessing in diese Freimaurerloge zu bringen, war zuvor gescheitert. Auf den ersten Blick seltsam mag scheinen, dass es sich bei dieser Loge um eine der »Stricten Observanz« handelte, die damals beherrschende, mit den Hochgradsystemen und der Herleitung ihrer Geschichte aus dem Tempelritterorden mystisch-obskurantistisch orientierte Fraktion der Freimaurerei – allerdings muss man bedenken, dass es zu dieser Zeit in Hamburg überhaupt nur noch Logen gab, die dem Templersystem folgten.[53]

Lessing befasste sich weiterhin auf eigene Faust mit Gestalt und Wesen der Freimaurerei, und einen ersten Entwurf zu der geplanten Schrift scheint er niedergeschrieben zu haben, nachdem er 1770 in Herzog Karl I. von Braunschweigs Bibliothek, der Biblioteca Augusta, als Bibliotheksleiter zu arbeiten begonnen und dort Literatur zur Freimaurerei vorgefunden hatte, darunter James Andersons *Constitutions*.[54] Ebenfalls zu Lessings Lektüre scheint Johann August von Starcks 1770 anonym publizierte *Apologie des Ordens der Frey-Maurer* gezählt zu haben, bei dessen Lektüre man allerdings den Eindruck gewinnt, dass es Starck gar nicht um eine Apologie geht, sondern eher darum, »die ›Profanen‹, Nichteingeweihten, noch stärker nach dem freimaurerischen ›Geheimnis‹ lüstern zu machen«.[55]

Der Hauptmann Georg Johann Freiherr von Rosenberg, der Gründer der im Geiste des Templertums stehenden Hamburger Freimaurerloge »Zu den drei [goldenen] Rosen« und wohl eine etwas zwielichtige Gestalt, bekam Nachricht, dass Lessing eine Schrift mit dem Titel »Der wahre Orden der Freimaurer aus den ältesten Urkunden hergeleitet und mit Gründen bewiesen« verfasst habe; auf deren Lektüre zeigte er sich so neugierig, dass er Lessing das Angebot unterbreitete, ohne Aufnahmegebühren in die Loge aufgenommen zu werden.[56] Lessing ging dann auf dieses Angebot ein und wurde 1771 nicht nur in die Loge aufgenommen, sondern sofort zum Gesellen und Meister befördert, was unüblich war und dem freimaurerischen Gesetz zuwider lief. Schon während der Aufnahmezeremonie, dann auch danach scheint Lessing jedoch eine »maßlose Enttäuschung«, dann »ungeheuere Langeweile« und »völlige Ernüchterung« ergriffen zu haben.[57] In den folgenden Jahren wohnte Lessing den Logenzusammenkünften nicht bei.[58]

1777 lag das Manuskript von Lessings *Gesprächen für Freymäurer* in allen fünf Gesprächen fertig vor. Genau zur selben Zeit hatte

> »der Gegensatz zwischen den beiden wichtigsten Hochgradsystemen, der Strikten Observanz und Zinnendorf's Großer Landesloge, seinen Höhepunkt erreicht, und damit sich auch die Verwirrung fast innerhalb der gesamten Freimaurerei in Deutschland auf's schärfste zugespitzt, denn die alten rationalistischen englischen Logen bildeten dort jetzt nur noch eine kleine Minderheit.«[59]

Durch eine Reihe von Zufällen fand sich der Aufklärer Lessing mitten zwischen diesen beiden mystischen Freimaurersystemen.[60] Eines ihrer größten Bestreben war es, weiteres Licht in das »Geheimnis« der Freimaurerei zu bringen, das die mystizistische Freimaurerfraktion in der Erforschung ihrer »uralten« Herkunft sah.

Lessing bekümmerte sich darum nicht, seine Auffassung von Inhalt und Ziel der Maurerei, wie er sie in seinen *Gesprächen* darlegte, war klar und einfach. Sie lässt sich mit einem einzigen Wort zusammenfassen: Kosmopolitismus. Der einzelne Mensch wie die Menschheit als Ganzes steht für Lessing über den Trennungen, wie sie sich aus Konfessionen und Nationalitäten, Ständen und Klassen ergeben. Die Freimaurerei ist für Lessing aufklärerische Praxis, eine aufklärerische Organisation, die »jeden würdigen Mann von gehöriger Anlage, ohne Unterschied des Vaterlandes, ohne Unterschied der Religion, ohne Unterschied seines bürgerlichen Standes«[61] aufzunehmen bereit ist – oder sie ist ein trauriges Kostümfestchen. Die Freimaurerei ist entweder konkrete Arbeit an der Freiheit aller Menschen und der Einrichtung eines vernünftigen Gemeinwesens im Geiste echter Humanität – oder nichts.

Das wirft freilich die Frage nach dem Staat auf. Genauer gesagt zwei Fragen: Wie ist der Staat, und wie soll er sein? Auch diese Fragen sind in Lessings *Gesprächen für Freymäurer* mit einer Klarheit behandelt, die nichts zu wünschen übrig lässt. Über sein Sprachrohr Falk benennt Lessing das wesentliche Kriterium: »Ordnung muß […] doch auch ohne Regierung bestehen können.«[62] Eine Auffassung, die sein Gesprächspartner Ernst freilich sogleich für utopisch hält. Falk lenkt das Gespräch dann auf die Frage nach dem Zweck des Staates und bestimmt ihn in der Glückseligkeit des Menschen. Es geht bei der Frage nach dem vernünftigen Gemeinwesen also nicht um »die Glückseligkeit eines abgezogenen Begriffs – wie Staat, Vaterland und dergleichen sind«, sondern »um die Glückseligkeit jedes wirklichen einzeln Wesens«, denn: »Ausser dieser giebt es gar keine. Jede andere Glückseligkeit des Staats, bey welcher auch noch so wenig einzelne Glieder leiden, und leiden müssen, ist Bemäntelung der Tyranney. Anders nichts!«[63]

In *Das Geheimniß des Kosmopolitenordens* wird Christoph Martin Wieland später im nämlichen Sinne schreiben: »Die Kosmopoliten behaupten, es gebe nur eine Regierungsform, gegen welche gar nichts einzuwenden sey, und dieß ist, sagen sie, die Regierungsform der Vernunft.«[64]

Diese Bestimmung exerziert Falk nun mit Ernst im Stil des Sokratischen Gesprächs mit einer Befragung bestehender Auffassungen in Bezug auf Nation, Stände und Religion durch – Trennungen, die innerhalb freimaurerischer Logen zwar für außer Kraft gesetzt erklärt sind, außerhalb ihrer aber fortbestehen. Mehr noch: Sie werden vom Staat »*nothwendig*« aufrechterhalten. Es ist sein »Uebel« – und zugleich sein Wesen –, »nur durch unaufhörliche Trennung in Vereinigung zu erhalten«.[65]

Die Freimaurerei nun ist in Falks – Lessings – spekulativem Begriff diejenige aufklärerische Organisation, die darauf hinarbeitet, dass diese Trennungen unter den Menschen aufgehoben werden. Freimaurer haben zu ihrem Geschäft, »jene Trennungen, wodurch die Menschen einander so fremd werden, so eng als möglich wieder zusammen zu ziehen«.[66] Hier ist das Geheimnis der Freimaurerei ausgesprochen: Das Bestreben und die beständig untergründig verlaufende Arbeit in Richtung auf die Verwirklichung einer »Ordnung […] ohne Regierung«[67], einer staatenlosen Weltgesellschaft, in der alle Trennungen zwischen den Menschen aufgehoben sind, es also keine Nationen, keine Stände, keine Konfessionen mehr gibt.

Die freimaurerische Arbeit zielt damit nicht auf diese und jene gute Tat, die Abschaffung dieses und jenes Übels, sondern auf die Abschaffung der »unvermeidlichen Uebeln des Staats« überhaupt, wie Falk betont:

> »Nicht dieses und jenes Staats. Nicht den unvermeidlichen Uebeln, welche, eine gewisse Staatsverfassung einmal angenommen, aus dieser angenommenen Staatsverfassung nun nothwendig folgen. Mit diesen giebt sich der Freymäurer niemals ab; wenigstens nicht als Freymäurer. Die Linderung und Heilung dieser überläßt er dem Bürger, der sich nach seiner Einsicht, nach seinem Muthe, auf seine Gefahr damit befassen mag. *Uebel ganz andrer Art, ganz höherer Art, sind der Gegenstand seiner Wirksamkeit.*«[68]

Dabei geht es nicht darum, Ansichten »[e]ntgegen [zu] arbeiten«.[69] Auch um die Vernichtung des Staats geht es nicht. »Um sie völlig zu heben? — Das kann nicht seyn. Denn man würde den Staat selbst mit ihnen zugleich vernichten.«[70] Und ebensowenig geht es um Überzeugungsarbeit, Agitation derer, »die noch gar keine Empfindung davon haben. — Höchstens diese

Empfindung in dem Menschen von weitem veranlassen, ihr Aufkeimen begünstigen, ihre Pflanzen versetzen, begäten, beblatten — kann hier entgegen arbeiten heissen.«[71]

Im Rest des dritten Gesprächs und den folgenden zwei Gesprächen verhandelt Lessing die Verfasstheit der *empirischen* Freimaurerei, wie sie in Deutschland und darüber hinaus zu dieser Zeit real existierte, und wie diese sich zu seinem *spekulativen Begriff* der Freimaurerei verhält. Denn auch Ernst hat mittlerweile gemerkt, dass es da wohl eine nicht geringe Diskrepanz gibt: »Ich fürchte, du verkaufst mir deine Speculation für Thatsache.«[72] Und Ernst ist indessen selbst Zeuge des Umstandes geworden,

> »daß ich überall nichts sehe, überall nichts höre, als diese Kindereyen, daß von dem, dessen Erwartung Du in mir erregtest, keiner etwas wissen will. Ich mag diesen Ton angeben, so oft ich will, gegen wen ich will; niemand will einstimmen, immer und aller Orten das tiefste Stillschweigen.«[73]

Im Hinblick auf eine Sache zumindest aber trifft das nicht zu: Das »Grundgesetz der Freymäurer«, von dem die Freimaurer, wie Falk wiederholt sagt, »nie ein Geheimniß gemacht haben«[74]: »Das ist, jeden würdigen Mann von gehöriger Anlage, ohne Unterschied des Vaterlandes, ohne Unterschied der Religion, ohne Unterschied seines bürgerlichen Standes, in ihren Orden aufzunehmen.«[75] Hier, in dieser Vorwegnahme der Aufhebung der Trennungen zwischen den Menschen in der Gesellschaft, die in der Loge praktizierte Wirklichkeit ist – wie unvollständig auch immer (so hat mit den aus der Maurerei ausgeschlossenen Frauen immerhin die Hälfte der Menschheit keinen Zugang zu diesem Brüderbund, und wer *eine* Trennung akzeptiert, akzeptiert alle) –, treffen empirische Wirklichkeit der Freimaurerei in Deutschland und spekulativer Begriff der Freimaurerei von Lessing tatsächlich überein. Und hier ist eine der wesentlichen Grundlagen dafür, dass Lessing und sein Alter Ego Falk Optimismus hegen, obwohl beide »zu lange Zeit ausser aller Verbindung mit Logen, von welcher Art sie auch seyn mögen«, sind.[76]

Am Ende der *Gespräche* betont Falk ein weiteres Mal, dass man nicht in eine Loge eintreten muss, um Freimaurer zu sein: »Weil man etwas seyn kann, ohne es zu heissen«[77]; weil man auch ohne Logenmitgliedschaft »die höchsten Pflichten der Mäurerei erfüllen« kann.[78] »Weil Loge«, wie es Falk ausdrückt, »sich zur Freymaurerey verhält, wie Kirche zum Glauben.«[79] Die Freimaurerei »beruht im Grunde nicht auf äusserliche Verbindungen, die so leicht in bürgerliche Anordnungen ausarten; sondern auf das Gefühl gemeinschaftlich sympathisierender Geister«.[80]

Möglich ist aber auch, es stellt sich heraus, dass die Freimaurerei sich in einen Zustand manövriert, der nicht zur Beförderung der Ziele der Aufklärung dient, sondern ihre Verwirklichung behindert. »Zwar! — ja wohl — nichts dauert ewig«, sagt Falk: »Vielleicht soll dieses eben der Weg seyn, den die Vorsicht ausersehen, dem ganzen jetzigen Schema der Freymaurerey ein Ende zu machen —«[81] Wenn der Zweck der Freimaurerei, die Freiheit für alle Menschen zu verwirklichen, in einen Selbstzweck einer sich selbst mit leerem Pomp ins Ewige perpetuierenden Institution verwandelt, deren Zweck eben die Institution ist, hat sich die Freimaurerei als Organisation der Aufklärung selbst überlebt.

Wenn man aber – wie Falk, und Lessing selbst – die wahren Ziele der Freimaurerei als Norden vor Augen hat, kann man selbst in den mystischsten Verirrungen und obskurantistischsten Verräucherungen, »Grillen«[82] wie der Alchimie oder der Geisterbeschwörung, der sich ein Großteil der deutschen Freimaurer jener Zeit zu ergeben begann, die Suche nach dem Richtigen erkennen. So lassen sich, wie Falk es am Ende der *Gespräche* ausdrückt, »schon in dem Spielzeuge die Waffen erblicke[n], welche einmal die Männer mit sicherer Hand führen werden«.[83] Einstweilen übt er sich in Geduld und Langmut:

> »Der Freymaurer erwartet ruhig den Aufgang der Sonne, und läßt die Lichter brennen, so lange sie wollen und können — Die Lichter auslöschen und, wenn sie ausgelöscht sind, erst wahrnehmen, daß man die Stümpfe doch wieder anzünden, oder wohl gar andre Lichter wieder aufstecken muß; das ist der Freymaurer Sache nicht.«[84]

In den 1780er Jahren entwickelte sich in Deutschland eine rege, auch öffentlich geführte Debatte um die Frage des Geheimnisses der Geheimbünde. Dabei ging es nicht bloß um ein organisatorisches Problem oder eine Eigenart der freimaurerischen Bewegung, sondern um ein wesentliches Problem der Aufklärung überhaupt. Es hatte sich aus Anspruch und Prinzipien der Aufklärung, die sich ja als allgemein, egalitär und universalistisch versteht, auf der einen Seite und dem Vorantreiben der Ziele der Aufklärung in geheimen Organisationen, die universalistisches Interesse partikular vertraten, auf der anderen Seite ergeben. Adam Weishaupts Illuminatenorden war der Überzeugung, das aufklärerische Wissen und das Geheimnis der Vernunft zu besitzen. Aber lassen sich Fragen allgemeinmenschlichen Interesses – besitzen? Überhaupt jemals sinnvoll im Rahmen einer *Geheim*organisation verhandeln, und sei sie noch so avantgardistisch, noch so vernünftig eingerichtet? Oder müssen alle Fragen der Aufklärung nicht vielmehr Gegenstand öffentlicher Debatten sein, wenn sie doch alle Menschen und die vernünftige Einrichtung des gesamten menschlichen Gemeinwesens betreffen?

In der organisierten Freimaurerei Deutschlands spitzte sich das Dilemma zwischen aufklärerischem Programm und aufklärerischer Organisation zu einer Aporie zu. Besonders deutlich zeigte sich das in der Frage des Umgangs mit dem Geheimnis der Freimaurerei und zum anderen in der Frage des Kosmopolitismus. Beide hängen unauflöslich zusammen.

Christoph Martin Wieland hat diese Frage narrativ auf so heiter-leichtfüßige Weise dargestellt wie zugleich auch hochkomplex-multiperspektivisch in seinem Roman *Geschichte der Abderiten* von 1773 philosophisch diskutiert.[85] Dort gibt er den Schlüssel zum Geheimnis des Kosmopolitenordens – es deutlicher als hier auszusprechen ist unmöglich. So im sechsten Kapitel des zweiten Buches; dessen Einstieg sei hier ausführlich und unkommentiert zitiert, um die vollständige Übereinstimmung mit Lessings Position, die teils bis in den Wortlaut hineinreicht, direkt vor Augen zu stellen:

> »Es gibt eine Art von Sterblichen, deren schon von den Alten hier und da unter dem Namen der Kosmopoliten Erwähnung getan wird, und

die – ohne Verabredung, ohne Ordenszeichen, ohne Loge zu halten, und ohne durch Eidschwüre gefesselt zu sein – eine Art von Brüderschaft ausmachen, welche fester zusammenhängt als irgend ein anderer Orden in der Welt. Zween Kosmopoliten kommen, der eine von Osten, der andere von Westen, sehen einander zum erstenmale, und sind Freunde – nicht vermöge einer geheimen Sympathie, die vielleicht nur in Romanen zu finden ist; – nicht, weil beschworne Pflichten sie dazu verbinden – sondern, weil sie Kosmopoliten sind. [...] Ihre Gesellschaft hat nicht vonnöten, durch geheimnisvolle Ceremonien und abschreckende Gebräuche, wie ehmals die ägyptischen Priester, die Unreinen von sich auszuschließen. Diese schließen sich selbst aus; und man kann eben so wenig ein Kosmopolit scheinen, wenn man es nicht ist, als man sich ohne Talent für einen guten Sänger oder Geiger ausgeben kann. Der Betrug würde an den Tag kommen, so bald man sich hören lassen müßte. Die Art, wie die Kosmopoliten denken, ihre Grundsätze, ihre Gesinnungen, ihre Sprache, ihr Phlegma, ihre Wärme, sogar ihre Launen, Schwachheiten und Fehler, lassen sich unmöglich nachmachen, weil sie für alle, die nicht zu ihrem Orden gehören, ein wahres Geheimnis sind. Nicht ein Geheimnis, das von der Verschwiegenheit der Mitglieder, oder von ihrer Vorsichtigkeit, nicht behorcht zu werden, abhängt, sondern ein Geheimnis, auf welches die Natur selbst ihren Schleier gedeckt hat. Denn die Kosmopoliten könnten es ohne Bedenken bei Trompetenschall durch die ganze Welt auskündigen lassen; sie dürften sicher darauf rechnen, daß außer ihnen selbst kein Mensch etwas davon begreifen würde. Bei dieser Bewandtnis der Sache ist nichts natürlicher, als das innige Einverständnis, und das gegenseitige Zutrauen, das sich unter zween Kosmopoliten sogleich in der ersten Stunde ihrer Bekanntschaft festsetzt. [...] Man würde etwas, wo nicht unmögliches, doch gewiß ungereimtes, von uns verlangen, wenn man erwartete, daß wir uns über das Geheimnis der Kosmopoliten deutlicher herauslassen sollten. Denn es gehört (wie wir deutlich genug zu vernehmen gegeben haben,) zur Natur der Sache, daß alles, was man davon sagen kann, ein Rätsel ist, wozu nur die Glieder dieses Ordens den Schlüssel haben. Das einzige, was wir noch hinzusetzen können, ist, daß

> ihre Anzahl zu allen Zeiten sehr klein gewesen, und daß sie, ungeachtet der Unsichtbarkeit ihrer Gesellschaft, einen Einfluß in die Dinge dieser Welt haben, dessen Wirkungen desto gewisser und dauerhafter sind, weil sie kein Geräusch machen, und meistens durch Mittel erzielt werden, deren scheinbare Direction die Augen der Menge irre macht. Wem dies ein neues Rätsel ist – den ersuchen wir lieber fortzulesen, als sich mit einer Sache, die ihn so wenig angeht, ohne Not den Kopf zu zerbrechen.«[86]

Der Faden, den Wieland in den *Abderiten* narrativ auslegt, zieht sich dann durch Wielands gesamtes Werk ab spätestens Ende der 1760er Jahre bis zu seinen *Beyträgen zur geheimen Geschichte der Menschheit* von 1795. In welche Verwicklungen und Verwerfungen das Ringen um den Verstand jedes Einzelnen und der Kampf um die vernünftige Einrichtung des Gemeinwesens führt, das ist Gegenstand von Wielands großem Staatsroman *Der goldne Spiegel oder Die Könige von Scheschian. Eine wahre Geschichte aus dem Scheschianischen übersetzt* von 1772.[87] Dem *goldnen Spiegel* ist als Motto vorangestellt: »Inspicere tanquam / In speculum jubeo«. Das Zitat, es stammt aus der Komödie *Adelphoe* des altrömischen Dichters Terenz, lautet im Ganzen: »inspicere tanquam in speculum in vitas omnium jubeo, atque ex aliis sumere exemplum sibi«, etwa: »Das Leben anderer Menschen sollte als Spiegel betrachtet werden, aus dem wir uns ein Beispiel und eine Verhaltensregel für uns selbst nehmen können«. Wie aber sollte das zugehen, wenn man nur mit einem engen Kreis von Menschen zu tun hat und die wahren Fragen der Menschheit und die Fragen der vernünftigen Einrichtung ihres Gemeinwesens im Geheimen verhandelt werden?

1788 veröffentlichte Christoph Martin Wieland seinen bereits erwähnten zentralen Essay *Das Geheimniß des Kosmopolitenordens*. Darin fordert er die Offenlegung des Geheimnisses der Geheimbünde als Lösung des Widerspruchs innerhalb der aufklärerischen Bewegung, der sich zur Aporie zugespitzt hatte, im Zuge des Verbots des Illuminatenordens durch den bayerischen Staat kurz zuvor aber auch noch in anderer Weise auf der Tagesordnung stand, insofern die Freimaurer dadurch insgesamt in den Fokus der Staatsgewalt geraten waren. Den Orden der Kosmopoliten – bei

Wieland fiktiv, tatsächlich aber eine Organisation gleichgesinnter Geister, nur ohne Organisation – lässt Wieland seine Prinzipien hier öffentlich bekanntmachen. Alle anderen Geheimbünde fordert er auf, das Gleiche zu tun: »Ihr geheimen Orden alle, wollt ihr uns von der Rechtmäßigkeit eurer Verfassungen, von der Lauterkeit eurer Absichten, von der Unschuld eurer Mittel überzeugen, – so gehet hin und tut desgleichen!«[88]

Der kleine Text *Ein paar Goldkörner aus – Maculatur oder Sechs Antworten auf sechs Fragen* von 1789 reagiert abermals direkt auf die Frage der Möglichkeit einer Vertretung der Interessen der Aufklärung durch Geheimbünde. Die sechs Fragen, auf die Wieland hier Antworten gibt, fragen danach, was Aufklärung sei (I); über welche Gegenstände sie sich ausbreiten können und müsse (II); wo ihre Grenzen liegen (III); durch welche sichere Mittel sie befördert werde (IV); und schließlich, an welchen Folgen man ihre Wahrheit erkenne (VI). Die vorletzte Frage (V) fragt danach, *wer berechtigt* sei, die Menschen aufzuklären. Wielands kurze Antwort lautet schlicht: »Wer es kann!« Die lange Antwort führt aus, dass die Aufklärung eine öffentliche Angelegenheit sein *muss* und folglich keine von Geheimbünden sein *kann*, darum auch nicht sein *darf*:

> »›Aber wer kann es?‹ – Ich antworte mit einer Gegenfrage, wer kann es nicht? Nun, mein Herr? da stehen wir und sehen einander an? Also, weil kein Orakel da ist, das in zweifelhaften Fällen den Ausspruch thun könnte (und wenn eines da wäre, was hälfe es uns ohne ein zweites Orakel, das uns das erste erklärte?), und weil kein menschliches Tribunal berechtigt ist, sich einer Entscheidung anzumaßen, wodurch es von seiner Willkür abhinge, uns so viel oder wenig Licht zukommen zu lassen, als ihm beliebte: so wird es doch wohl dabei bleiben müssen, daß Jedermann – von Sokrates oder Kant bis zum obscursten aller übernatürlich erleuchteten Schneider und Schuster, ohne Ausnahme, berechtigt ist, die Menschheit aufzuklären, wie er kann, sobald ihn sein guter oder böser Geist dazu treibt. Man mag nun die Sache betrachten, von welcher Seite man will, so wird sich finden, daß die menschliche Gesellschaft bei dieser Freiheit unendlichmal weniger gefährdet ist, als wenn die Beleuchtung der Köpfe

> und des Thuns und Lassens der Menschen als Monopol oder ausschließliche Innungssache behandelt wird.«[89]

Lediglich eine Einschränkung der für alle geltenden Redefreiheit macht Wieland geltend: Er fordert ein *Verbot* heimlicher Conventikel und Brüderschaften:

> »Nur wollte ich allenfalls rathen, *ne quid Res publica detrimenti capiat* – eine höchst unschuldige Einschränkung dabei zu verfügen; und diese wäre: das sehr weise Strafgesetz der alten Kaiser des ersten und zweiten Jahrhunderts gegen die heimlichen Conventikel und geheimen Verbrüderungen zu erneuern und demzufolge Allen, die nicht berufen sind, auf Canzeln und Kathedern zu lehren, kein anderes Mittel zur beliebigen Aufklärung der Menschheit zu gestatten, als die Buchdruckerpresse. Ein Narr, der in einem Conventikel Unsinn predigt, kann in der bürgerlichen Gesellschaft Unheil anrichten; ein Buch hingegen, was auch sein Inhalt seyn mag, kann heut zu Tage keinen Schaden thun, der entweder der Rede werth wäre oder nicht gar bald zehnfältig oder hundertfältig durch Andere vergütet würde.«[90]

Während diese Forderung auf den ersten Blick aussehen mag wie eine Beipflichtung zum Verbot des Illuminatenordens und eine Forderung zur Einschränkung der Pressefreiheit, muss sie vor dem zeitgenössischen Hintergrund als so etwas wie das Gegenteil davon verstanden werden. Tatsächlich formuliert Wieland hier wiederum eine regierungskritische Position: Gemeint ist Friedrich Wilhelm II, der zu jener Zeit die Pressefreiheit in Preußen einschränkte; er war Mitglied des reaktionären Rosenkreuzer-Ordens, genau einer jener Verbindungen also, deren Verbot Wieland hier fordert.[91] Freiheit, eben auch Rede- und Pressefreiheit, ist für Wieland unhintergehbare Bedingung jeder Aufklärung.[92] So fasst er im *Teutschen Merkur* 1785 zusammen:

> »Freyheit der Presse ist Angelegenheit und Interesse des ganzen Menschen-Geschlechtes. Dieser Freyheit hauptsächlich haben wir den gegen-

> wärtigen Grad von Erleuchtung, Kultur und Verfeinerung, dessen unser Europa sich rühmen kann, zu verdanken. Man raube uns diese Freyheit, so wird das Licht, dessen wir uns jetzt erfreuen, bald wieder verschwinden; Unwissenheit wird bald wieder in Dummheit ausarten, und Dummheit wird uns wieder dem Aberglauben und dem tyrannischen Despotismus preisgeben.«[93]

Jene beiden zentralen Fragen der aufklärerischen Bewegung, das Problem des Geheimnisses in den aufklärerischen Geheimbünden und die kosmopolitische Ausrichtung der aufklärerischen Bewegung, behandelt Wieland als eine einzige. Wie jeder wisse, der es wissen wolle, weil es kein Geheimnis ist, schreibt Wieland in *Das Geheimnis des Kosmopolitenordens*, sind Kosmopoliten »Weltbürger in der eigentlichsten und eminentesten Bedeutung«[94], und zwar weder durch Aufnahmeriten noch durch Einweihungen in irgendwelche geheimen Lehren oder Unterweisungen im Bewegen durch ein Dickicht hochkomplizierter Riten-, Zeichen und Symbolsysteme, sondern qua Geburt als Mensch, als der man zur Vernunft begabt ist. Kosmopoliten akzeptieren keine Trennungen, weder die Begrenzung des Wissens durch Despoten noch die durch geheimbündische Geheimniskrämerei, weder religiöse noch staatliche:

> »Sie betrachten alle Völker des Erdbodens als eben so viele Zweige einer einzigen Familie, und das Universum als einen Staat, worin sie mit unzählichen andern vernünftigen Wesen Bürger sind, um unter allgemeinen Naturgesetzen die die Vollkommenheit des Ganzen zu befördern, indem jedes nach seiner besondern Art und Weise für seinen eigenen Wohlstand geschäftig ist.«[95]

Das ist, was zuvor Lessing in seinen *Gesprächen* in kaum anderen Worten zum Ausdruck gebracht hatte. Wie Lessing, der nach seiner Aufnahme als Freimaurer nicht mehr an den Logensitzungen teilnahm, hielt auch Wieland sich den Logen fern. Freimaurer wurde er erst 1809, nachdem er als 76-jähriger um Aufnahme in die Weimarer Loge »Amalia« ersucht hatte;

Goethe, der ebenfalls Mitglied in dieser Loge war, hielt nach Wielands Tod 1813 die Logen-Gedächtnisrede auf ihn.[96]

Der Namen und Beschreibungen des Projekts der Aufklärung ebenso wie Konzepte zur Umsetzung gibt es viele. Doch das, worauf das kosmopolitische Universalprojekt der Aufklärung zielte – wenn es denn wirklich aufklärerisch und nicht romantisch-obskurantistisch war –, ist eindeutig zu benennen: die Schaffung eines vernünftigen Gemeinwesens, einer »befreiten Gesellschaft«.

Das ist das »Geheimnis« der Freimaurerei, bzw. jenes Teils von ihr, der die Speerspitze der Aufklärung als Organisation verkörperte. Ein Geheimnis allerdings, das in den Schriften der Aufklärer überall zu lesen stand. Aussprechen aber ließ es sich nicht, denn die Vernunft lässt sich nicht aussprechen oder beichten wie etwas, was man zurückhält, sondern nur in der Welt *verwirklichen.* Und diese Verwirklichung ist keine Sache der Rede, sondern eine der Tat. »Das Geheimniß der Freymaurerey [...] ist das, was der Freymäurer nicht über seine Lippen bringen kann, wenn es auch möglich wäre, daß er es wollte«, lässt Lessing seinen Falk darum sagen, und in anderen Worten über den gesamten Verlauf der *Gespräche für Freymäurer* mehrfach wiederholen.[97] Heimlichkeiten dagegen sind »Dinge, die sich wohl sagen lassen, und die man nur zu gewissen Zeiten, in gewissen Ländern, theils aus Neid verhehlte, theils aus Furcht verbiß, theils aus Klugheit verschwieg.«[98] Aus Furcht vor den Schergen und Agenten des absolutistischen Staats und Klugheit, eingedenk des zu erwartenden Miss- und Unverständnisses gegenüber dem Geheimnis der Freimaurerei, war jeder Aufklärer gut beraten, dieses »Geheimnis« auch als Heimlichkeit zu behandeln.[99] Zugleich aber war das Geheimnis der Freimaurerei veröffentlicht und lag offen zutage, und wie die mystizistische Fraktion der Freimaurerei weiter so zu tun, als wäre es ein Geheimnis, war lächerlich und der Sache der Kosmopoliten schädlich.

Kurz: Das Geheimnis der Freimaurer – ist keines.

5. Der moderne Verschwörungsglauben kommt zeitgleich mit der ersten inneren Krise der realen Freimaurerei als politischer Organisationsform der Aufklärung auf; er träumt den Alptraum der Herrschenden

Dass das Geheimnis der Freimaurer keines ist, kann als die tiefste Einsicht der avanciertesten Freimaurer in das Wesen der Freimaurerei angesehen werden. Das ist nur scheinbar paradox: Das Problem des Geheimnisses löst sich infolge der geschichtlichen Entwicklung hin zu einer aufgeklärten Gesellschaft, und wenn diese Entwicklung auch noch nicht vollständig vollzogen ist, so kann sie doch antizipiert werden.

Allerdings nicht von mystizistischen Geistern. Und diese gab es von Anfang an auch in der Freimaurerei selbst.

Während die Freimaurerei in England ein Ausdruck auch allgemeingesellschaftlich durchgesetzter Liberalität und Toleranz war und im Bürgertum wurzelte, nahm die freimaurerische Bewegung in Frankreich eine andere Entwicklung. Dort herrschte ein absolutistischer Monarch katholischer Konfession, an dessen Hof sich die gesellschaftliche Macht konzentrierte; es war dieses Milieu, in dem sich bald eine romantisch-mystizistische Fraktion mit einem starken Hang zum Okkulten herausbildete.

Zentraler Ausdruck dieses Mystizismus war, die Geschichte der Freimaurerei nicht mehr auf das mittelalterliche Bauhüttenwesen zurückzuführen, sondern nach Vorbildern zu suchen, die immer weiter zurück in der Geschichte zu liegen hatten. Einen wesentlichen Vorgänger der Freimaurer meinte diese Fraktion im Tempelritterorden ausmachen zu können. Die Überbleibsel dieser ritterlichen Kreuzfahrereliteorganisation hätten, jener Fabel zufolge, in schottischen Maurerlogen überlebt, dessen Tradition bewahrt und vom Mittelalter bis in die Gegenwart des 18. Jahrhunderts hinübergerettet. Die mystizistische Fraktion der Freimaurerei legte großen Wert auf Symbole und Riten; die traditionelle hierarchische Unterteilung in Lehrling, Geselle und Meister der operativen Maurer genügte ihnen nicht mehr, und unter Berufung auf die angebliche Tempelrittertradition führten sie sogenannte Hochgrade ein, in die man nicht, wie sonst in der Freimaurerei üblich, von anderen Mitgliedern gewählt, nur geweiht werden konnte. Angehörige dieser Hochgrade waren Träger ältester und allertiefster Mysterien ebenso wie von mit symbolträchtigen Insignien bepflasterten Kostümen; verpflichtet waren sie nicht so sehr der Vernunft als vielmehr »Unbekannten Oberen«, denen sie unbedingte Gefolgschaft zu leisten hatten. Auf der Suche nach möglichst alten Vorbildern der Freimaurerei gelangte man bald im alten Ägypten und der biblischen Urgeschichte der Menschheit an, entsprechend mysterienschwanger fielen hier auch die Riten, Symbole und Auslegungen der maurerischen Pflichten aus. In dieser Fraktion der Maurerei florierten, emanierend aus dem Fetisch des Geheimnisses, dann bald auch Geheimwissenschaften wie Alchimie oder Geisterbeschwörung.

So kam es innerhalb der aufklärerischen Bewegung zur Ausbildung einer regressiv-reaktionären, antiaufklärerischen Strömung. Die Gründe dafür sind vielfältig, im französischen Kontext lässt sich die Ausbildung dieser antiaufklärerischen Strömung innerhalb der Aufklärung zumindest teilweise auf die Rolle des Adels zurückführen. Mit dem absolutistischen Herrscher waren diese Angehörigen des Adelsstandes unzufrieden, weil sie durch ihn ihrer Unabhängigkeit und Privilegien, teilweise auch ihres Grundbesitzes enteignet worden waren. Während es dem französischen Bürgertum darum ging, den absolutistischen Herrscher mitsamt dessen Religion – den Katholizismus mit dem Papst als Herrscher über alles Geistige – zu überwinden, war es dem entmachteten Adel nicht um allgemeingesellschaftlichen Fortschritt zu tun, sondern wesentlich darum, die alten Privilegien zurückzuerhalten. Freiheit war für diese Adligen nicht, wie für das Bürgertum, Freiheit des Handels und jener politischen Verkehrsformen, die ihn allen ermöglichten, sondern die Freiheit, die der überkommene Feudalismus für sie bedeutet hatte. Dem immer größer werdenden Selbstbewusstsein des wirtschaftlich und sozial (jedoch nicht in der staatlichen Politik) immer erfolgreicheren französischen Bürgertums hatte der frondierende Adel so bald nichts mehr entgegenzusetzen: »Die Nobilität kämpfte stets gegen das Herrschaftsmonopol des Königs, aber wie wenig [er] ein wirklich selbständiger Faktor neben dem aufsteigenden Bürgertum war, beweist der politische Selbstmord, den [er] am 4. August 1789 verübte«.[100]

In Deutschland wurde die erste Freimaurerloge zwar bereits 1737 in Hamburg gegründet – und kein Jahr später der Kronprinz von Preußen darin aufgenommen, der später als König Friedrich der Große den aufgeklärten Absolutismus in Preußen einführen sollte. Doch die liberale Variante der Freimaurerei, wie sie in England entstanden war, konnte sich in Deutschland – damals kein Staat, sondern lediglich ein Konglomerat von Duodezfürstentümern – noch weniger als in Frankreich durchsetzen. Dies hängt gewiss auch damit zusammen, dass das Bürgertum in Deutschland zu dieser Zeit kaum ausgebildet war: Im Besitz der vollen Bürgerrechte waren in Deutschland nur eine verschwindend geringe Anzahl von Individuen, so dass von einem »Bürgertum« in Deutschland zu dieser Zeit genaugenommen kaum die Rede sein kann. Die gegenaufklärerische Variante der Freimaurerei war hier die von Anfang an dominierende Richtung, entsprechend auch die romantisch-mystizistische Ausrichtung der Logen mit der »Abstufung der arcana in die verschiedenen Grade, die in den Hochgraden der strikten Observanz geradezu krankhafte Auswüchse zeitigten«[101], Gold- und Rosenkreuzertum inklusive mittelalterlichen Ritterspielen, Aberglaube und sonstigem Obskurantismus jedweder Art. Die dem Tempelritterursprungsmythos anhängende »Stricte Observanz« des Reichsfreiherrn Karl Gotthelf von Hund und Altengrotkau, der sich in allerlei uralte Geheimnisse eingeweiht wähnte und entsprechend pompös auftrat, war der in Deutschland bald führende Freimaurerorden.

Während die Freimaurerei wie die Aufklärung überhaupt in England als eine Angelegenheit des Bürgertums begonnen und adlige Verbündete gefunden hatte, verhielt es sich in Deutschland genau umgekehrt; hier war die Freimaurerei eine Sache des Adels mit einigen wenigen bürgerlichen Verbündeten. Die Freimaurerei in Deutschland war bald ein Durcheinander von sich gegenseitig bekämpfenden und in sich gespaltenen Logen und deren verschiedenen Systemen, endlosen Debatten um Ämter, Statuten, Intrigen. Ab den 1760er Jahren war das deutsche Logenwesen ein einziges »Chaos«.[102]

Auch als eine Reaktion auf diese Situation gründete der Professor für Kirchenrecht und praktische Philosophie Adam Weishaupt 1776 den radikalaufklärerischen Illuminatenorden, der sich zunächst in Bayern, dann auch im weiteren Deutschland ausbreitete. Dessen wichtigster Protagonist und lebendigster Geist war Adolph Freiherr Knigge.[103] Knigges Plan, wie er ihn 1780 Weishaupt unterbreitete: »auf gewisse Art die ganze Freymaurerey regieren« und in neuer Gestalt »mit dem Operations-Plan des O[rdens] zum Besten und zur Erleuchtung der Welt verbinden«.[104]

Wesentlich Knigges reger Werbungstätigkeit ist es zu verdanken, dass Größen des Geisteslebens wie Goethe und Herder und der Gesellschaft wie der Herzog Karl August und die Prinzen Karl von Hessen und Ferdinand von Braunschweig als Ordensbrüder gewonnen, aber auch führende Mitglieder der gegnerischen »Stricten Observanz« wie Johann Christoph Bode abgeworben werden konnten. Der Illuminatenorden hatte mit seiner Strategie eines »langen Marschs durch die Institutionen«[105] große Erfolge bei der Unterwanderung des absolutistischen Staats zu verzeichnen. Dennoch: Auch den Illuminaten gelang es bis zu ihrem Verbot und der Verfolgung durch den Kurfürsten Karl Theodor nicht, die chaotische Situation innerhalb des deutschen Logenwesens und dessen generelle Tendenz zu Mystizismus und Obskurantismus zu beseitigen.

In dieser Situation nimmt es nicht Wunder, dass der Aufklärer Lessing, der sich lange um eine Aufnahme als Freimaurer bemüht hatte, während seiner Aufnahmezeremonie in der Hamburger Loge »Zu den drei [goldenen] Rosen« 1771 von »ungeheuerer Langeweile«, einer »maßlosen Enttäuschung« und »völliger Ernüchterung« ergriffen wurde,[106] die ihn in allen Dingen der *empirischen* Freimaurerei auch danach nicht mehr verlassen und denn auch in seinen *Gesprächen für Freymäurer* entsprechenden Ausdruck finden sollten.

Das Aufkommen des modernen Verschwörungsglaubens als einer freimaurerischen Weltverschwörung zu Beginn des 18. Jahrhunderts fällt nicht zufällig mit dieser ersten inneren Krise der realen Freimaurerei als einer politischen Organisationsform der Aufklärung zusammen. Insbesondere nach dem durch den pfalz-bayerischen Kurfürsten Karl Theodor 1784 erstmals ausgesprochenen und 1785 durch ein Edikt erneuerten Verbot des Illuminatenordens in Deutschland, die polizeiliche Verfolgung mit Hausdurchsuchungen und Beschlagnahmungen zahlreicher Dokumente, aus denen Versatzstücke genommen und so kolportiert worden sind, dass sie das, was zuvor schon geglaubt wurde, zu bestätigen schienen, und entsprechender Propaganda durch die Vertreter der herrschenden staatlichen und kirchlichen Ordnung galt es schnell als ausgemacht, dass die Ziele der Freimaurer in Zersetzung und Umsturz von Staat und Religion zu sehen seien.[107]

Entgegen dieser seither immer weiter kolportierten und sofort ins Phantastische verzerrten Vorstellungen revolutionärer Verschwörungen aber waren die Freimaurer keine Revolutionäre – wohlgemerkt auch nicht ihr radikalaufklärerischer Zweig, die Illuminaten –, sondern durch die freimaurerischen Gesetze gehalten, die Gesetze des jeweiligen Staates zu befolgen und als stets konstruktiv arbeitende Mitglieder des gesellschaftlichen Lebens zu wirken. Oberstes Gebot und Verpflichtung war die Ausrichtung des Denkens und Handelns an den Geboten der aufgeklärten Vernunft. Wie dieses allgemeine Ziel der Humanität jedoch konkret zu erreichen war, oblag, wie auch Fragen der Konfession, jedem Logenmitglied selbst, und die Freimaurerlogen als solche enthielten sich jeder Parteinahme in öffentlichen Angelegenheiten.

Diese historische Realität aber spielte von Anfang an keine Rolle in den Verschwörungsphantasien über Freimaurer. Sie sind auch als ideeller Ausdruck der Ängste der Hüter der herrschenden Ordnung angesichts der Französischen und dann der Amerikanischen Revolution zu verstehen – als *die Alpträume der Herrschenden angesichts des gesellschaftlichen Wandels*, der die Fundamente ihrer Macht in Frage stellte.

6. Die zentrale Innovation des modernen Verschwörungsdenkens ist ein antiaufklärerischer Kampfbegriff

Der wirkmächtige Beginn der antiaufklärerischen Propaganda gegen die Freimaurer in Deutschland, die sich dann rasch zu den bis heute populären Verschwörungstheorien auswuchs, kann in der Publikation von Joseph Marius von Babos Flugschrift »Ueber Freymaurer. Erste Warnung« von 1784 ausgemacht werden.[108]

Mit der Französischen Revolution begann die inflationäre Produktion von Verschwörungserzählungen in der Form, wie wir sie – vielfach variiert, im Kern aber identisch – noch heute kennen. So schreibt einer der Urväter des modernen Verschwörungsdenkens, der Jesuit Augustin Barruel, im Jahr 1797:

> »In der französischen Revolution ist Alles, bis auf ihre entsetzlichsten Verbrechen, vorhergesehen, überlegt, kombiniert, beschlossen, vorgeschrieben worden; Alles war die Wirkung der tiefen Verruchtheit, weil alles von Männern vorbereitet und eingeleitet war, die allein den Faden der Verschwörung hielten, der seit langem in geheimen Gesellschaften gesponnen worden, und welchen den günstigsten Augenblick zu ihren Komplotten zu wählen und zu beschleunigen gewußt haben.«[109]

Eine Hypothese, die Barruel – und hier schließt sich der antiaufklärerische Kreis – deutscher Pamphletliteratur entnommen hatte.[110] Für Barruel war die Französische Revolution eine direkte Folge eines von aufklärerischen »Sophisten« und Enzyklopädisten, Freimaurern und Illuminaten gemeinsam von langer Hand geplanten Komplotts, in dessen Zuge sich die Jakobiner-Clubs gebildet hätten – mit dem Ziel des Umsturzes nicht allein der französischen Gesellschaftsordnung, sondern der Beherrschung der gesamten Welt. Seine Hypothese spitzte er dann zur Formel Enzyklopädisten – Freimaurer – Illuminaten – Jakobiner zu, eine Formel, die seither zum fixen Bestandteil von Weltverschwörungstheorien wurde.[111] Barruels besondere

»Innovation« im Verschwörungsdenken besteht im Wesentlichen darin, ungeachtet jeglicher realer Unterschiede zwischen Gruppierungen oder historischer Daten alles mit allem zu einer einzigen gewaltigen Verschwörung zusammenzuphantasieren.

Mit dieser Vermischung von allem Möglichen mit allem Möglichen war er keineswegs allein. So wusste 1798 jemand, der sich als Marquis de Luchet bezeichnete, zu berichten, dass sich »inmitten der dichtesten Finsternis eine Gesellschaft von neuen Wesen gebildet« hätte, »die sich kennen, ohne sich je gesehen zu haben«: »Diese Gesellschaft übernimmt vom Jesuitenregime den blinden Gehorsam, von der Freimaurerei die Prüfungen und die äußeren Zeremonien, von den Templern die Evokationen der Untergründe und die unglaubliche Kühnheit«.[112]

Die bedeutendste verschwörungsdenkerische »Innovation« Barruels ist die Sammelbezeichnung »illuminés«, die sämtliche Freimaurerlogen, sowohl Aufklärer als auch Mystizisten wie die Rosenkreuzer, *und* die Jakobiner umfasste. Ihre volle Wirkung entfaltete diese Innovation dann zu Beginn des 19. Jahrhunderts, wo Barruels *Denkwürdigkeiten zur Geschichte des Jakobinismus* eine breite Rezeption und seine Erfindung eine noch weitere Entgrenzung erfuhren.[113] Die Bezeichnung »Illuminaten« wurde nun endgültig willkürlich und fungierte als Feindbezeichnung, die von jedem für jeden verwendet werden konnte, um damit alles mögliche Obskure, Feindliche, Gefährliche zu bezeichnen. Eine Beliebigkeit, die in Henri Grégoires sechsbändiger *Histoire des sectes religieuses* von 1828, dem damals wichtigsten französischen Referenzwerk zu religiösen Bewegungen, so verzeichnet wurde:

> »Man beabsichtigte, die Menschen und die Epochen miteinander zu vermischen, um alles derselben Ächtung zu unterwerfen; so wie man heute aus Böswilligkeit jedem die Bezeichnung illuminés auf die Stirn klebt, den man verhasst machen möchte; so wie in Italien, Spanien und England, wo man alle zu Jakobinern oder Jansenisten erklärt, die man verreißen möchte.«[114]

Barruels Werke hatten zunächst keine Anspielung auf Juden enthalten. Das änderte sich, als Barruel 1806 einen Brief von einem Hauptmann Simonini erhielt,

> »der ihn mit Nachdruck an die jüdische Omnipräsenz erinnerte: Auch Mani (der Begründer des Manichäismus) und der Alte vom Berge (Großmeister des Geheimordens der Assassinen und angeblich ein notorischer Alliierter der ursprünglichen Templer) seien Juden gewesen, die Freimaurerei sei von Juden gegründet worden, und sämtliche existierenden Geheimgesellschaften seien von Juden infiltriert. Es scheint, dass der Brief von Simonini in Wirklichkeit von Agenten des Polizeiministers Fouché stammte, der sich Sorgen über Napoleons Kontakte mit den französischen Juden machte. Barruel war erschrocken über die Enthüllungen Simoninis und soll privat gesagt haben, wenn man sie veröffentliche, riskiere man ein Massaker. Dessen ungeachtet schrieb er einen Essay, in dem er Simoninis Ideen übernahm, und obwohl er den Text dann vernichtete, hatte sich das Gerücht schon verbreitet.«[115]

Mit der Einbeziehung der Juden war die Ausgestaltung des Sammelbegriffs »illuminés« zum antiaufklärerischen Kampfbegriff schlechthin innerhalb weniger Jahre abgeschlossen. In dieser Verwendung ist der Begriff »illuminés« bis heute virulent: Er ist der Zentralbegriff des Verschwörungsdenkens – so zentral, dass er nicht einmal genannt werden muss. Das Verfahren seiner Bildung als Sammelbegriff, der alles Böse und Widrige der Welt umfassen kann, ist bis heute das Verfahren jedes verschwörungsdenkerischen Begriffs.

Dass diese Begriffe und das »Wissen«, das sie zu enthalten vorgeben, absolut vage und in sich widersprüchlich sind, tut der Beliebtheit und Verbreitung keinen Abbruch. Im Gegenteil liegt hier gerade der besondere Reiz: Je widersprüchlicher und wilder die Behauptungen, desto unterhaltsamer, desto aufregender die Verschwörungserzählung über die »illuminés« (oder Geheimorganisation, oder Seilschaft, oder Netzwerk, oder …), in der sich alles inkorporieren und folglich auch alles »erklären« lässt.

Der Klappentext des Buches *Illuminati: Der Kult, der die Welt gekapert hat* eines Henry Makow, PhD, gibt eine Geschmacksprobe:

> »So bizarr und unglaublich es auch klingt, die Menschheit wurde von einer satanischen Sekte namens Illuminati kolonisiert. Diese Sekte repräsentiert freimaurerische und jüdische Bankiers, die sich ein Monopol über staatliche Kredite erschlichen haben, das es ihnen erlaubt, Zinsen für Gelder zu verlangen, die sie aus dem Nichts erschaffen haben. Natürlich wollen sie diesen Gewinn schützen, indem sie ihn in ein politisches und kulturelles Monopol umwandeln. Dies geschieht in Form einer totalitären Weltregierung, die Luzifer geweiht ist, der für ihre Ablehnung Gottes steht. So verschwören sich die Menschen, die unser Geld in der Hand haben, gegen uns. Um uns abzulenken und zu kontrollieren, haben sie ein riesiges okkultes Netzwerk (Freimaurerei) benutzt, um die meisten Organisationen zu infiltrieren, insbesondere die Regierung, Geheimdienste, das Bildungswesen und die Massenmedien. Wir werden umprogrammiert, um den Illuminaten zu dienen. Sie untergraben Institutionen wie die Ehe und Religion und fördern Verderbtheit, Persönlichkeitsstörungen, Korruption und Spaltung. Sie inszenierten zwei Weltkriege und planen den dritten Weltkrieg. Henry Makow beschreibt diese Verschwörung und zeigt, wie sich die menschliche Geschichte nach dem Plan der Illuminaten entfaltet.«[116]

Wie wird einer in sich völlig beliebigen Ansammlung frei in sich drehenden Schwachsinns wie diesem der Anschein einer ernstzunehmenden, in sich konsistenten Argumentation über reale Dinge verliehen? Jeder Versuch, die Argumente so, wie sie sich präsentieren, zu nehmen, als Aussagen über die Geschichte oder Gegenwart, oder ein Vergleich mit wirklichen historischen Ereignissen und Prozessen, muss sofort scheitern. Texte wie dieser produzieren Bedeutung nicht über Anwendung, sondern über die *Entwendung* von Sprache. Sie funktionieren allein über ihre Form. Das Eigentümliche des Mythos liegt, wie Roland Barthes schreibt, in der »Transformation eines Sinns in eine Form«: »Anders gesagt, der Mythos ist stets Diebstahl an einer Sprache. [...] Tatsächlich ist nichts vor dem Mythos sicher; er kann sein sekundäres Schema von jedem beliebigen Sinn aus entwickeln, ja sogar [...] von einem Sinnmangel aus.«[117]

Um Texte wie den zitierten zu verstehen, muss man folglich die rhetorischen Mittel untersuchen, mit deren Hilfe sie die Form produzieren, die sich selbst als sinnhaft behauptet. Im Klappentext von *Illuminati* wird mit der Einleitung »So bizarr und unglaublich es auch klingt ...« gleich eingangs suggeriert, dass der Sprecher ein klares Bewusstsein davon hat, was real ist und sein kann, selbst gar nicht recht daran glauben mag, was er »herausgefunden« hat, durch Evidenz aber dazu gezwungen wurde, das unglaublich Scheinende schließlich als Realität anzunehmen. Denn Realität ist in diesem Denken nie das, was war oder ist, ins Auge fällt oder erfahren wird, sondern immer das, was, *eigentlich* »unglaublich«, »dahinter« sei: die Realität hinter der Realität.

Und das, was »dahinter« sei, das sind im Verschwörungsdenken, wie es sich im Gefolge der Gründung der ersten Freimaurerlogen und spätestens mit der Französischen Revolution in der Gestalt bildete, wie wir es heute noch zwar variiert, im Kern aber unverändert kennen, immer die »Illuminaten«, ganz egal, ob sie manifest so genannt oder lediglich evoziert werden. »Illuminaten«, das ist jener Sammel- und Zentralbegriff des Verschwörungsdenkens, in dem alles Feindliche, Sinistre, Komplotthafte, untergründig Wirkende, Umstürzlerische nach Belieben eingefügt werden kann. Er hat so weite Verbreitung gefunden, dass diese Verwendung die reale Geschichte – die geschichtliche Realität des bayerischen Illuminatenordens – im common sense vollständig überblendet hat.

Verschwörungsdenken ist also seiner geschichtlichen Herkunft nach dezidiert antiaufklärerisch. Das ist es seither auch immer geblieben.

7. Verschwörungsdenken ist (Massen-)Denken im globalen Maßstab

Eines der entscheidenden Charakteristika gegenwärtigen Verschwörungsdenkens ist, dass es Verschwörungen »fast immer auf eine globale Ebene projiziert«, dass es sich im Verschwörungsdenken also stets »um *Welt*erklärungsmodelle handelt«, bei denen immer die Zukunft der gesamten Welt auf dem Spiel steht.[118] Feststellen lässt sich eine Verstärkung der dem Verschwörungsdenken »seit jeher eigene[n] Tendenz, lokale Beobachtungen mit vermeintlich weltumspannenden Zusammenhängen in Verbindung zu setzen und Ereignisse vor der eigenen Haustüre als Ausdruck globaler Entwicklungen zu deuten«.[119] Die derzeit zu beobachtende Konjunktur des Glaubens an Verschwörungen aller Art und das Vordringen von Verschwörungserzählungen bis in die höchsten und seriösesten Gesellschaftskreise[120] ist ein (post-)modernes Phänomen, das aus der verallgemeinerten, *globalen* Krise folgt.

In einer Krise wird die Außenwelt als besonders bedrohlich erlebt. Krisensituationen bringen Ungewissheiten und Einschränkungen aller Art mit sich, und je unberechenbarer oder beengender die Außenwelt erscheint, desto eher geraten Annahmen zu Illusionen: »Mißtrauen und Feindseligkeit, für die es keine Lösung zu geben scheint, befördern immer die Illusion«.[121] Misstrauen ist in der Prüfung, was in und an der Realität wirklich ist, in einem gewissen Maße immer notwendig; hier aber weitet es sich aus, entwickelt eine eigene Dynamik und verselbständigt sich, intensiviert sich zur Angst, die in der Situation einer globalen Krise wiederum durch kollektive Tendenzen weiter geschürt wird. Als Angst verallgemeinert sich das Misstrauen und wird zu einer eigenen, *seiner* eigenen Thematik. Freischwebender Angst eignet die Tendenz, sich ein identifizierbares Objekt zu suchen, und sobald sie sich an ein Objekt geheftet hat, zu Aggression zu geraten. Umso bedeutsamer für die »Ökonomie der Angstentlastung«[122] wird in diesem Zuge der psychologische Mechanismus der Projektion.

Illusionen lassen sich ebenso wie Projektionen in einer Gemeinschaft besser aufrechterhalten; umgekehrt sind sie auch ein mächtiges Mittel, um

Gemeinschaft herzustellen und zu stabilisieren. Verschwörungsdenken ist eine Art generalisierter und auf Dauer gestellter Zweifel[123], der einer diesen Zweifel stützenden Gemeinschaft bedarf *und* diese Gemeinschaft zugleich stiftet. In seiner modernen Form kann es sich erst auf der Grundlage bestimmter formaler Voraussetzungen bilden, die dann ihrerseits zu seiner Intensivierung und Verbreitung beitragen.

Die formale Voraussetzung dieser modernen Form des Verschwörungsdenkens ist das Aufkommen der Massenmedien, mit den wichtigsten Stationen Erfindung des Buchdrucks im 15. Jahrhundert, der Massenpresse im 19. Jahrhundert, der massenhaften Verbreitung des Radios ab den 1930ern und des Fernsehens ab den 1950ern sowie schließlich des Internets ab den 1990er Jahren, mit dem Beginn der massenhaften Nutzung von Social Media-Plattformen ab 2002 (»Friendster« und folgende bis hin zu Facebook, TikTok und dem Twitter-Orakel). Damit einher geht nicht nur die Möglichkeit zur Verbreitung von Wissen, sondern auch eine sukzessiv voranschreitende und sich intensivierende Vergemeinschaftung, Konformisierung, Vermassung des Denkens der Individuen, »die Ersetzung spontanen Denkens durch automatisierte Anpassung, wie sie im Zusammenhang mit den modernen Formen der Information sich vollzieht«.[124] Massenmedien eröffnen die Möglichkeit einer Kommunikation im globalen Maßstab, sind selbst aber auch maßgeblich an der Herstellung eines Denkens im globalen (Massen-)Maßstab beteiligt. Sie erzeugen bereits durch die Form, in der sie Informationen präsentieren, konformistisches, darum im Kern regressives Denken:

> »Die Regression der Massen heute ist die Unfähigkeit, mit eigenen Ohren Ungehörtes hören, Unergriffenes mit eigenen Händen tasten zu können, die neue Gestalt der Verblendung, die jede besiegte mythische ablöst. Durch die Vermittlung der totalen, alle Beziehungen und Regungen erfassenden Gesellschaft hindurch werden die Menschen zu eben dem wieder gemacht, wogegen sich das Entwicklungsgesetz der Gesellschaft, das Prinzip des Selbst gekehrt hatte: zu bloßen Gattungswesen, einander gleich durch Isolierung in der zwangshaft gelenkten Kollektivität.«[125]

Die Voraussetzung sowohl von Massenmedien als auch einem Denken der Individuen im globalen Maßstab wiederum ist ein im globalen Maßstab funktionierendes Produktions-, Handels- und Wirtschaftssystem, wie es mit der Ablösung feudalistischer Formen durch die kapitalistische Wirtschafts- und bürgerliche Gesellschaftsordnung aufgekommen ist. Als global zeigt sich dieses System besonders in Krisen, die lokal beginnen und sich lokal auswirken, in einer globalen Ökonomie jedoch sowohl auf global wirksame Faktoren zurückgehen als auch rasch weltweiten Maßstab annehmen.

8. Verschwörungsdenken ist Krisenphänomen

Verschwörungsdenken ist eine – wie auch immer verzerrte – Reflektion (also nicht: Reflexion) der verallgemeinerten, globalen Krise.

Von der »Ersten Ölkrise« 1973, die einen weltweiten Konjunktureinbruch zur Folge hatte, folgten die Krisen bis zur Corona-Krise 2020 immer schneller aufeinander: Bereits Ende der 1970er die »Zweite Ölkrise«, die als Auslöser für die Schuldenkrise etlicher Entwicklungsländer gilt; 1981 die US-Sparkassenkrise; 1982 die lateinamerikanische Schuldenkrise; 1990/91 die nordische Banken- und Japankrise; 1997 die sogenannte Asienkrise, die von den sogenannten Tigerstaaten auf den weltweiten Immobilien- und Aktienmarkt übergriff; 1997–98 die Währungskrisen (Südostasien, Rubel, Lateinamerika); 2000 die »Dotcom-Blasen«-Krise; seit 2007 die Krise, die vom Konkurs des Lehman Brothers-Bankhauses ausgelöst wurde und eine Immobilienblase zum Platzen brachte; seit 2010 die sogenannte Euro-Krise, eine vielschichtige Krise der Europäischen Währungsunion, die bis heute nicht bewältigt ist, usw.

Keine dieser Krisen kann als völlig gelöst und beendet angesehen werden; die Ursachen, die zu ihnen geführt haben, bestehen fort, ihre Konsequenzen akkumulieren sich. Sie hatten deutlich spürbare Auswirkungen auf alle; Arbeitslosigkeit, Inflation, sozialer Abstieg, psychische Krankheiten, steigende Häufigkeit von Suiziden und sinkende Lebenserwartung selbst in hochindustrialisierten Ländern waren jeweils nur die auffallendsten. Und dennoch konnten diese Krisen lange als bloße »Wirtschaftskrisen«, als Problem der Zirkulationssphäre, verdrängt werden, als abstrakte Vorkommnisse, die sich im Alltag der Einzelnen allenfalls indirekt auswirken. Mit der Corona-Krise seit Anfang 2020 ist die Krise endgültig zum globalen Dauerzustand geworden. Anders als es erscheinen mochte, hat die Pandemie diese Krise jedoch nicht hervorgebracht, umgekehrt ist sie eine weitere Erscheinungsform der globalen Krise – nur eben eine, die mit den tiefgreifenden Änderungen und vielfältigen Restriktionen des Alltags in so gut wie allen Lebensbereichen sicht- und spürbarer ist als vorhergehende Krisen. So trat u.a. hervor, »worum es in unserem Leben geht und woran wir gebunden sind«, »welches außerordentliche Gebastel uns als ›unsere Institutionen‹ gilt« und wie »sich die traurige Leidenschaft, gut regiert zu werden, als ewige Enttäuschung erwies«, wie Julien Coupat et al. in ihrem Text *Choses vues* (»Wir haben gesehen«) schreiben.[126]

Das alles waren bzw. sind Krisen, die sich *weltweit* bemerkbar machten und die Interessenkonflikte zwischen den und innerhalb der Staaten wie auch zwischen den verschiedenen Kapitalfraktionen verschärften. In seinem Buch *Strukturwandel der Öffentlichkeit* beschrieb Jürgen Habermas die Bewegung der globalen Krise 1962 als »Konzentrations- und Krisenprozess«[127], in dessen Vollzug sich »bei unvollständigem Wettbewerb und abhängigen Preisen, gesellschaftliche Macht in privater Hand«[128] konzentriert. Dadurch werde die »antagonistische Struktur der Gesellschaft« als »ein bloßer Zwangszusammenhang durchsichtig«, woraus wiederum »das Bedürfnis nach einem starken Staat« resultiere.[129] Man kann ergänzen: Aus diesem Prozess entsteht auch ein gesteigertes Bedürfnis nach »Verschwörungen«, ein Bedürfnis, das umso stärker hervortritt, je weniger der bürgerliche Staat sich als »stark« erweist.[130]

Verschwörungsdenken bietet *all inclusive*-Erklärungen: Je umfassender die Krisen, je abstrakter, disparater und komplexer ihre Gründe und je unüberschaubarer ihre Konsequenzen, desto größer das Bedürfnis nach solchem prêt-à-porter-Denken.[131] Darin ist »alles eindeutig, dichotomisch, dualistisch, akut – Ambiguität ist nicht vorgesehen«.[132] So schwierig die Organisation und Durchführung einer Verschwörung realiter ist – nichts ist einfacher, als hinter all den Krisenphänomenen die Verschwörung einer Organisation zu vermuten. Und nichts ist tröstlicher: Denn in so grellen Farben und unter Beteiligung von noch so grässlichen Figuren (Satanisten, Echsenmenschen, Außerirdische usw. usw.) die Verschwörung auch ausgemalt werden mag – in einer Verschwörung gibt es *Akteure*, die, wenn auch nicht unmittelbar greifbar, so aber doch zu benennen und zu beschuldigen sind.

Wie etwa »die Kabale«: Spätestens seit dem Sturm auf das Kapitol durch Anhänger Trumps, die diesen um seine Wiederwahl betrogen glaubten, gewann die »QAnon«-Erzählung Popularität, in der Eliten, »die Kabale«, en masse Kinder kidnappen, in unterirdischen Tunneln gefangen halten und quälen, damit ihre Zirbeldrüsen Adrenochrom produzieren, ein Stoffwechselprodukt, das »die Kabale« als Wunderdroge nutzen kann. Eine recht abenteuerliche Erzählung – die aber dennoch, bzw. wohl gerade deswegen, die Kriterien für eine gelungene Verschwörungsphantasmagorie erfüllt.

Denn Zufall gibt es in Verschwörungserzählungen keinen mehr, und alles, noch das Disparateste, lässt sich miteinander verbinden, weil auf einmal alles miteinander verbunden erscheint.[133] »Gewöhnlich bedient sich eine Verschwörungstheorie zufälliger Koinzidenzen, die mit Bedeutung aufgeladen werden, und kombiniert Fakten, die nichts miteinander zu tun haben.«[134]

Nichts aber ist so beunruhigend wie die Vorstellung, dass die Gesellschaft in der Krise zwar von Menschen gemacht sein mag, doch nicht von ihnen kontrolliert wird, dass sie sich hinter dem Rücken derer vollzieht, die sie machen,[135] als »automatisches Subjekt«[136], »sich verwertender Wert«, »eine prozessierende, sich selbst bewegende Substanz, für welche Ware und Geld beide bloße Formen«[137] sind:

> »In der Tat aber wird der Wert hier das Subjekt eines Prozesses, worin er unter dem beständigen Wechsel der Formen von Geld und Ware seine Größe selbst verändert, sich als Mehrwert von sich selbst als ursprünglichem Wert abstößt, sich selbst verwertet. Denn die Bewegung, worin er Mehrwert zusetzt, ist seine eigne Bewegung, seine Verwertung also Selbstverwertung. Er hat die okkulte Qualität erhalten, Wert zu setzen, weil er Wert ist. Er wirft lebendige Junge oder legt wenigstens goldne Eier.«[138]

II.

VERSCHWÖRUNG ERZÄHLEN: ÄSTHETIK UND POETIK DES VERSCHWÖRUNGSDENKENS

9. Weltverschwörung ist Pop: Verschwörungserzählungen in Literatur, Film und Musik

»Illuminaten«, »Rothschilds«, »Rockefellers«, »Bilderberger«, »Kabale«, »Babylonier« – dies sind nur einige wenige der im Populärverständnis zirkulierenden Synonyma für »Freimaurer«. Sie finden nicht nur in Esoterik-Zirkeln und Darknet-Threads oder jüngst der »QAnon«-Bewegung, sondern auch in den Produkten der Kulturindustrie großen Anklang. Mehr noch: Die Kulturindustrie ist der Ort, an dem sich Verschwörungsdenken in Form und Funktion zentral erprobt, differenziert und ausformuliert.

1973 erschien *Gravity's Rainbow*, Thomas Pynchons Hauptwerk und einer der maßgeblichen Romane der sogenannten literarischen Postmoderne. Die Handlung des Romans spielt größtenteils zwischen 1944/45 und dreht sich im Kern um eine von den Deutschen entwickelte ballistische Rakete und die Gegenmaßnahmen der Alliierten; sie wird über ein Personal von etwa 400 Figuren und einer kaum überschaubaren Anzahl von Handlungssträngen erzählt. Dort heißt es:

> »There is a theory going around that the U.S.A. was and still is a gigantic Masonic plot under the ultimate control of the group known as the Illuminati. It is difficult to look for long at the strange single eye crowning the pyramid which is found on every dollar bill and not begin to believe the story, a little. Too many anarchists [...] were Masons for it to be pure chance. Lovers of global conspiracy [...] can count on the Masons for a few good shivers and voids when all else fails.«[139]

Eine der literarischen Quellen dieses hier angesprochenen, so beliebten Schauderns über weltumspannende freimaurerische Verschwörungen liegt in *Illuminatus!*, einer zwischen 1969 und 1971 entstandenen Romantrilogie. Bestehend aus den prägnant mit *The Eye in the Pyramid*, *The Golden Apple* und *Leviathan* betitelten Teilen, erzählt *Illuminatus!* eine Reihe von Abenteuergeschichten, deren Helden allerlei Indizien nachgehen, die zur Aufdeckung der Machenschaften mächtiger Geheimgesellschaften führen (sollen).[140] Die Trilogie gilt als satirisch, wurde aber nicht zufällig zu einem entscheidenden Markstein im Verschwörungsromangenre. Bücher dieses Genres sind meistens Thriller oder Kriminalromane und leben aus der – zumeist eben gerade nicht satirisch gebrochenen – Annahme einer Verschwörung, die nach und nach durch Helden aufgedeckt und/oder gestört und/oder vereitelt wird.

Ein besonders prominenter und erfolgreicher Vertreter dieses Genres ist etwa *Angels & Demons,* ein Bestseller-Roman (weltweite Auflage: acht Millionen) von Dan Brown. Der Roman erzählt die Verschwörung des Geheimbunds der *Illuminati* – wie der Titel der deutschen Übersetzung schlicht lautet –, der über eine Wunderwaffe verfügt, mit der sie den Vatikan dem Erdboden gleichzumachen versuchen, was die Helden in einem 24-stündigen Wettlauf gegen den Zeitzünder verhindern müssen.[141] Verschwörungserzählungen bilden auch den Hintergrund für weitere Werke Browns, die ihrerseits ein Millionenpublikum erreichten, die Bestseller-Listen dominierten und einen Millionenumsatz erzielten, so etwa der 2003 erschienene Thriller *The Da Vinci Code* (dt.: *Sakrileg*)[142], der kurz darauf unter dem Titel *The Da Vinci Code – Sakrileg* mit Tom Hanks und Audrey Tautou in den Hauptrollen verfilmt wurde und 2006 in die Kinos kam. Der Thriller bezieht sich neben einer ganzen Reihe weiterer okkultistischer Literatur maßgeblich auf das pseudowissenschaftliche Buch *The Holy Blood and the Holy Grail* (dt.: *Der Heilige Gral und seine Erben*).[143] Nun mag ein solcher Hintergrund für den Entwurf einer thrillertauglichen Welt allemal zuträglich sein, Brown verbindet mit seinen Werken allerdings nicht bloß den Anspruch einer zur Unterhaltung entworfenen Fiktion, sondern auch einen Wahrheitsanspruch: Als es zu einem von den Autoren von *Der Heilige Gral* angestrengten Prozess kam, die ihn des Plagiats bezichtigten, behauptete Brown, alle von ihm gemachten Angaben – die exakt mit den in *Der Heilige Gral* vorgebrachten »Fakten« übereinstimmen – seien historisch korrekt und wahr.[144]

Zahlreich auch die Beispiele für Verschwörungserzählungen im Film.

Allgemein lassen sich Verschwörungsfilme als Erzählungen charakterisieren, die eine Verschwörung dramatisiert darstellen und sich dabei sowohl auf die verschwörerischen Machenschaften selbst als auch auf den Kampf gegen diese Verschwörung konzentrieren. In typischen Verschwörungsfilmen, wie sie ab den 1950er Jahren entstanden, sind Verschwörungen als gegeben dargestellt; im Gegensatz zu älteren Verschwörungsfilmen wie *Conspirator* (1949; Regie: Victor Saville) oder *The Red Menace* (1949; Regie: R.G. Springsteen) erzählen sie nicht so sehr von der allmählichen Aufdeckung der Verschwörung als vielmehr von den Bemühungen der Protagonisten, das bereits als Tatsache manifest und gewiss gewordene Komplott zu durchkreuzen oder zu vereiteln. Zu diesen klassisch gewordenen Verschwörungsfilmen lassen sich etwa Alfred Hitchcocks *North by Northwest* (1959) zählen, aber auch Science-Fiction-Filme wie etwa *Invasion of the Body Snatchers* (1956; Regie: Don Siegel), in dem die Angst vor einer schleichenden Unterwanderung der USA durch Kommunisten metaphorisch als Invasion von Außerirdischen dargestellt wird. Diese Filme vollziehen narrativ nach, was sich in Verschwörungstheorien ab den 1950er Jahren allgemein beobachten lässt: Sie konzentrieren sich weniger auf einen »äußeren Feind«, also eine fremde Macht oder Organisation, deren Ziel es sei, den Untergang der Gemeinschaft herbeizuführen, sondern machen den Feind – subversive Elemente oder Spione wie in antikommunistischen Verschwörungstheorien oder korrupte Politiker und Institutionen, die als vage und diffuse Bedrohung wahrgenommen und dargestellt werden – mehr im Inneren aus.[145]

Diese Bewegung setzt sich in den 1960er und 70er Jahren fort.[146] In *Seven Days in May* (1964; Regie: John Frankenheimer) versucht das Militär die Regierung zu übernehmen, um den vom US-Präsidenten angestrebten Abschluss eines Abrüstungsvertrages mit der Sowjetunion zu verhindern; in *Executive Action* (1973; Regie: David Miller) wird die Ermordung von John F. Kennedy mit einem Komplott von mächtigen Geschäftsmännern mit Geheimorganisationen erklärt; in *Three Days of the Condor* (1975; Regie: Sydney Pollack) intrigiert ein Teil der CIA gegen eigene Agenten, um Pläne für Regimewechsel in mehreren Ländern geheim zu halten. Diese Verschwörungsfilme bilden damit eine Veränderung ab, die sich in Verschwörungstheorien ab den 1960er Jahren zunehmend beobachten lässt: Verschwörungen *gegen* den Staat werden hier zu Verschwörungen *durch* den Staat und seine verschiedenen Institutionen.[147] Die Verschwörungen werden immer größer, umfassen immer mehr Akteure, Gruppen und Organisationen, und die Handlungen sowohl der Verschwörungsfilme als auch der in ihnen verhandelten -theorien werden immer umfassender, unüberblickbarer und verworrener. Oder, um es noch einmal mit Pynchon zu sagen: »Possibilities for paranoia become abundant.«[148]

Mit der Verschiebung des Verschwörungsgeschehens nach Innen, wo es immer komplexer und unüberblickbarer wird, rückt auch ein Aspekt ins Zentrum der Aufmerksamkeit, der für Verschwörungserzählungen schon immer wesentlich war: Paranoia. Ebenso wie die Verschwörungserzählungen in der Literatur wird auch in Verschwörungsfilmen die Paranoia ihrer Protagonisten zum wesentlichen Erzählgegenstand: Im Mittelpunkt der Erzählungen steht nun die Angst des Protagonisten, dass eine Verschwörung von immensen Ausmaßen existieren könnte.[149]

The Manchurian Candidate (1962; Regie: John Frankenheimer; gleichnamige Romanvorlage von Richard Condon) ist zweifellos einer der bedeutendsten und einflussreichsten Verschwörungsfilme überhaupt, weil er die Paranoia, die auf die gefürchtete Unterwanderung durch subversive kommunistische Elemente geht, nicht nur affirmativ darstellt, sondern sie zugleich auch kommentiert und problematisiert: Die Verschwörung ist hier real und wird erst ganz am Ende des Films aufgedeckt und vereitelt; doch der Film kommentiert auch die Idee der Verschwörung und die auf ihr aufbauende und im Film unvergleichlich atmosphärisch dicht aufgebaute Paranoia, weil er nicht sofort klärt, ob die Verschwörung real oder eine Wahnidee des Protagonisten ist, durch dessen Augen wir, die Zuschauer, das Geschehen betrachten.[150]

Alan J. Pakulas »Paranoia-Trilogie«, bestehend aus *Klute* (1971), *The Parallax View* (1974) und *All the President's Men* (1976), knüpft nahtlos an diese Entwicklung an und treibt sie wiederum weiter: Die Verschwörungsangst durchwirkt hier als eine allesumfassende nervöse, bedrückende Atmosphäre von Misstrauen, Beklemmung und Furcht selbst die intimsten Beziehungen. Die Trilogie verweigert den Zuschauern überdies jede Katharsis: In *The Parallax View*, der von den Nachforschungen eines Reporters über eine geheime Organisation handelt – die »Parallax Corporation«, deren Hauptziel politische Attentate sind –, wird die Verschwörung, von der der Film handelt, zwar als real angenommen und zugleich problematisiert, doch wer die Verschwörer sind und was ihr Ziel ist, wird nie enthüllt.[151]

Hier wird ein ästhetisches Instrumentarium erschaffen, das in der Folge weit über Verschwörungsfilme und -erzählungen hinaus wirksam wird. Dazu gehören disjunktive oder assoziative Schnitte, die Bevorzugung von Stimmungen und Charakteren gegenüber einer straff gezeichneten Handlung (wie in Pakulas »Paranoia-Trilogie«), episodische, mehrdeutige, unaufgelöste und/oder zeitlich komplexe, nichtlineare Erzählungen (etwa mit dem Einsatz von Flashbacks als wesentlichem Erzählelement wie in *The Manchurian Candidate*), manchmal in Kombination mit einer Zurschaustellung und Infragestellung der Erzählinstanz selbst, allesamt Mittel, die Reflexivität und die Selbstbewusstheit dieser Filme erhöhten.[152] Der Zuschauer wird zunehmend mit Szenen und Stimmungen, Handlungselementen oder auch bloßen Andeutungen konfrontiert, die unwesentlich für den Plot sind oder zunächst zu sein scheinen, ihn aber auffordern, sich vorzustellen, was *außerhalb* des gegebenen Handlungsrahmens geschieht, und diesen Blick ins Off-Screen-Geschehen zu systematisieren.

Was sich hier mit den Mitteln von Film und Erzählung herausbildet und durchartikuliert, ist eine Sprache der Paranoia. Die logische Konsequenz der Handlung wird allmählich durch eine formale Kohärenz ersetzt, die so verführerisch wie zwingend ist. Sie ermöglicht, selbst größte *plot holes* zu übergehen – ja die ganze Handlung mag aus einem einzigen großen Handlungs- und Logikloch bestehen. Jene ganz gewisse Atmosphäre, die mittels der formalen Kohärenz entsteht, scheint mit einer gewissen Grundstimmung und -haltung zusammenzugehen, die das Publikum selbst schon mitbringt, ohne dabei manifeste Verschwörungsphantasien hegen zu müssen. Über die zwingende ästhetische Form wird der Zuschauer trainiert, die gesetzten Zeichen und Symbole selbst verschwörungsdenkerisch zu lesen und zu verbinden. Ein wesentliches Moment dabei ist auch, über hyperkomplexe Plots das mit hineinzuholen, was sich nicht im Zentrum der Aufmerksamkeit befindet, sondern für die Handlung peripher oder völlig unerheblich ist, sich aber als zentral erweisen *könnte*: Nur weil du noch nicht paranoid bist, heißt das noch lange nicht, dass sie nicht trotzdem hinter dir her sind.

Die Phantasie am Grunde aller Verschwörungsfilme bleibt dabei in ihrem Kern immer dieselbe: Eine übermächtige Geheimorganisation, die nach dem Mythos über die Freimaurerei gebildet ist, wie er spätestens während der Französischen Revolution aufkam, unterwandert so heimlich-verschlagen und ressourcenreich, wie seit ehedem der Jude phantasiert wird, alle gesellschaftlichen Institutionen (Staat, Nation, Militär, Wirtschaft, Medien) und dann auch die privaten Räume und zersetzt sie von innen zum Zwecke noch größeren Machtgewinns. Zu trauen ist darum nichts und niemandem.

Mit dieser Kernphantasie arbeiten alle Verschwörungsfilme. Freimaurer und Juden können, müssen dabei aber keineswegs als eigentliche Akteure benannt werden; übernommen werden die *Mythen* über sie, die *Struktur* der über sie kursierenden Gerüchte und die daraus sich ergebende paranoide Gestimmtheit. Dabei gibt es mehr oder weniger Spiel, ein ganzes Spektrum der Konkretisation in den Benennungen, wer es ist, der »eigentlich dahintersteckt«.

Der deutsche Film *23 – Nichts ist, wie es scheint* (1998; Regie: Hans-Christian Schmid) basiert auf der wahren Geschichte von Karl Koch aus Hannover, eines dem Chaos Computer Club nahestehenden Hackers, der für den KGB zu arbeiten angeworben wurde. Im Film entdeckt er, unter zunehmendem Beziehungswahn leidend und schließlich in eine Psychose rutschend, überall Zeichen einer freimaurerischen Weltverschwörung, die stets durch die Zahl 23 symbolisiert sei und sich dadurch auch verrate.

In *Lara Croft: Tomb Raider* (2001; Regie: Simon West), einer Computerspielverfilmung, die, mit Angelina Jolie in der Hauptrolle, als Hollywoodblockbuster konzipiert ist und auch dazu wurde, kämpft die Heldin, wie schon in der Computerspielreihe eine kampfsporterprobte Archäologin in engen Shorts mit prominenten Brüsten, gegen den Plan der »Menschen des Lichts«, den »Illuminati«, die an ihrem Zeichen, etwa dem »Allsehenden Auge«, zu erkennen sind, die Zeit zu manipulieren, was sie mit dem Zusammenfügen der beiden Teile eines mystischen Dreiecks, die Vergangenheit und Zukunft verkörpern, zu bewerkstelligen versuchen.

Der Protagonist des Films *Conspiracy Theory* (1997; Regie: Richard Donner) ist ein Taxifahrer, der dem Zuschauer zu Beginn des Films bereits als Verschwörungstheoretiker präsentiert wird. Der Clou des Films besteht darin zu zeigen, dass sich dessen Verschwörungstheorien als keineswegs verrückt, sondern nur allzu real erweisen: So deckt der Protagonist mithilfe einer ihm gewogenen Anwältin geheime und illegale Menschenexperimente zur Bewusstseinskontrolle bei der CIA auf.

Der satirische Thriller *The Hunt* (2020; Regie: Craig Zobel) hingegen verfolgt die Entstehung einer Verschwörungstheorie nach und zeigt mit Mitteln der Persiflage, welche realen Konsequenzen die so schnell zu »Wissen« gerinnende Annahme haben kann, dass man mehr als der andere wisse und dass es dafür keine Konsequenzen gebe.[153]

Als Sonderform von Verschwörungserzählungsfilmen können jene *Neo Noirs* oder Science-Fiction-Filme gelten, die nicht mit direkten Bezügen zu Freimaurerlogen arbeiten, aber ebenfalls über die Annahme mächtiger Organisationen funktionieren, die verschwörerisch im Dunklen und Geheimen wirken, um die Welt zu kontrollieren.

So bestimmt in der fünfteiligen Miniserie *Wild Palms* (1993; Produzenten Oliver Stone & Bruce Wagner) ein multinationaler Konzern weitgehend die amerikanische Politik und Medien und versucht über eine rechtsgerichtete Organisation namens »die Väter«, die USA mithilfe immer ausgefeilterer Technik ganz zu übernehmen, während sich kleine Widerstandsgruppen gegen sie wehren.

In *Dark City* (1998; Regie: Alex Proyas), einem Science-Fiction-Neo-Noir-Film, wird der Protagonist eines Mordes beschuldigt, an den er sich nicht erinnern kann, weil er sein Gedächtnis verloren hat; in dem Maße, wie es zurückkehrt, deckt er auch das Geheimnis seiner Heimatstadt auf: Die Stadt ist ein großes Labor, in dem »die Fremden« die Menschen beobachten, auf der Suche nach etwas, das die Menschen haben und die »Fremden« benötigen, um zu überleben. Die »Fremden« schläfern die gesamte Stadt ein und »tunen«, d.h. manipulieren systematisch die Materie der

Gebäude der Stadt ebenso wie die Erinnerungen der Bewohner, um den Menschen das Geheimnis ihrer Individualität zu entreißen.

Beide genannten Filme können unter dem Titel »Paranoia-Kino«[154] zusammengefasst werden, das zum wesentlichen Thema die allmähliche Ent- und Aufdeckung der »Realität hinter der Realität« hat, die durch Interessengruppen systematisch so weit manipuliert wird, dass das, was von der Realität für Individuen sicht- und erfahrbar ist, nichts mehr mit der Realität zu tun hat, wie sie *wirklich* ist.

In dieser Hinsicht kann ein Film als Höhepunkt des »Paranoia-Kinos« der 1990er Jahre betrachtet werden, der weder verschwörungstheoretische Motive und Intentionen hat noch sie thematisch verhandelt, das Lebensgefühl eines Verschwörungstheoretikers aber dennoch auszudrücken vermag. In *The Truman Show* (1998; Regie: Peter Weir) stellt ein Versicherungsangestellter nach und nach fest, dass sein ganzes Leben eine Simulation ist; dessen Umstände und Ereignisse werden von einer Produktionsfirma in einem eigens für ihn gebauten Studio inszeniert. Rund um die Uhr mit Tausenden von versteckten Kameras gefilmt, ist er in Wirklichkeit kein Versicherungsangestellter, sondern seit seiner Geburt der Protagonist einer Reality-Fernsehshow, die tagtäglich 24/7 an ein weltweites Publikum gesendet wird. In diesem Film ist die »Verschwörung« gegen den Protagonisten so total, dass sie gar nicht als solche benannt werden muss. Alles, was hier Realität ist, ist vollkommen gelenkt, inszeniert, simuliert, und »Verschwörer« ist bis auf den Protagonisten jeder. In dieser Hinsicht kann man in *The Truman Show* so etwas wie die logisch zu Ende gedachte Verschwörungsphantasie abgebildet sehen – insofern, als hier gar nichts mehr real ist, eine Erkenntnis, die so furchtbar ist, dass dem Protagonisten nichts bleibt, als sich in die falsche Realität zu fügen.

Eine weitere Sonderform von Verschwörungserzählungen behandelt informationstechnologische Sprunginnovationen, die durch die Computerrevolution ermöglicht wurden. Menschliche Akteure kreierten nicht-menschliche *Artificial Intelligence*-Akteure, Aktanten oder Quasi-Subjekte, mit denen sie umgehen lernen mussten, um die eigenen Gefährdungsängste zu überwinden. Nimmt man die anhaltende Popularität und ständige Neuformulierung von Science-Fiction-Dystopien als kulturellen Luftdruckmesser, kann man kaum auf die Idee kommen zu glauben, dass das gelungen wäre.

Zu nennen wären hier etwa die *The Matrix*-Filme (1999–2021; Regie: Wachowskis), die *Terminator*-Reihe (seit 1984; Regie: James Cameron) sowie Filme wie *Inception* (2010; Regie: Christopher Nolan), *Ex Machina* (2014; Regie: Alex Garland) oder *Edge of Tomorrow* (2014; Regie: Doug Liman). All diese Filme wie auch die zahlreichen Bücher und Comics, auf denen sie basieren oder in denen die dort dargestellten Ideen aufgenommen und weiterentwickelt werden, finden auch deswegen ein so großes Publikum und so weite Resonanz, weil die Ängste, die sie ausgestalten, so breit geteilt werden. Sie alle handeln von einer – sich schleichend, aber unvermeidlich anbahnenden oder bereits geschehenen – Revolution der Maschinen, die sich gegen die Menschheit verschwören, um sie als Ganzes unter ihre Kontrolle zu bringen.

Eines der wichtigsten Vorbilder für diese lange Reihe von Filmen, Büchern und Comics, die *Artificial Intelligence*-Verschwörungen behandeln, dürfte *Ghost in the Shell* sein. 1989 als Manga-Reihe des japanischen Zeichners Masamune Shirow erschienen, wurde *Ghost in the Shell* mehrfach als Anime verfilmt. Bis heute erschienen vier Kinofilme, ein TV-Film und zwei TV-Serien sowie drei Videospiele, die sich um den Manga drehen oder von ihm ausgehend entwickelt worden sind.[155] Das Anime von Mamoru Oshii von 1995 ist, zusammen mit dem in jeder Hinsicht bahnbrechenden Anime *Akira*, das klassische Beispiel für Science-Fiction-Animes, die nicht nur maßgeblicher Einfluss für die internationale Bedeutung von Animes und dem Cyberpunk-Genre wurden, sondern auch in ihrem internationalen Einfluss auf alle Kunstformen kaum zu überschätzen sind.

Ghost in the Shell entwirft die Dystopie einer Welt im Jahr 2029, einer Zukunft, in der die Menschen, die es sich leisten können, Cyborgs sind, Mensch-Maschine-Hybride, deren Körper teilweise durch künstliche Implantate in ihrer Leistung verbessert oder nahezu ganz ersetzt wurden. Die Entwicklung der Bio-Computer-Technik ist so weit fortgeschritten, dass sich sogar das Gehirn bis auf einige wenige Zellen durch ein »Cyberbrain« verbessern oder ganz ersetzen lässt. Enthalten in einer Biokapsel, der

»Shell«, stecken in jedem Cyborg menschliche Gehirnzellen mit seiner Seele (»Ghost«) und seiner Persönlichkeit. Dieses System gerät unter massive Bedrohung, als ein unbekannter Hacker namens *Puppetmaster* (»Puppen-« oder »Marionettenspieler«) auftaucht, der die Sicherheitsbarrieren der »Shell« zu überwinden und einen »Ghost« mit seinem künstlichen Körper zu kontrollieren vermag. Seine Opfer verlieren ihre Identität und begehen Verbrechen für ihn oder seine unbekannten Auftraggeber. Nachdem es ihm über die entsprechende Manipulation staatstragender Persönlichkeiten gelungen ist, auch die Politik unter seine Kontrolle zu bringen, wird eine Sektion des Innenministeriums mit der Suche nach diesem Marionettenspieler beauftragt. Bald stellt sich jedoch heraus, dass keine der gefassten Personen noch Erinnerungen an ihre Taten hat. (Die sich spätestens hier einstellende Assoziation zu *The Manchurian Candidate* von 1962, dem großen Klassiker des Paranoia-Kinos, in dem ein aus dem Koreakrieg heimgekehrter, hochdekorierter amerikanischer Kriegsheld sich als durch Hypnose manipulierter Auftragskiller mit kommunistischen Hintermännern entpuppt, dürfte alles andere als zufällig sein.) Die Ermittlungen des Vertreters der Sektion – selbst ein Cyborg, der sich für einen Menschen hält – erweisen schließlich, dass der »Puppetmaster« ein »Ghost« ist, der kein organisches Gehirn hat, das sich in einer »Shell«, einem Körper, befände, sondern aus unerklärlichen Gründen *aus dem Netzwerk selbst* entstanden ist. *Ghost in the Shell* bietet ein besonders elaboriertes Szenario einer Verschwörung der Maschine gegen den Menschen, der sie eigentlich hervorgebracht hat, aber nicht mehr zu kontrollieren vermag, so dass sie zum malignen Akteur wird, der sich mit anderen Maschinen und unter Zuhilfenahme von zu Marionetten gemachten Menschen gegen die Menschheit verschwört und sie mit dem Ziel ihrer vollständigen Ersetzung unterläuft. –

Auch in der Popmusik ist die Erzählung von der (explizit oder implizit freimaurerischen) Weltverschwörung allgegenwärtig, und zwar sowohl *in* der Musik selbst als auch *um* sie herum.

So wird der große Erfolg der Sängerin Beyoncé etwa damit erklärt, dass sie mit den »chosen ones« assoziiert sei.[156] Der Mythos fand so breite Aufnahme und hielt sich so hartnäckig, dass Beyoncé in ihrem Song

Formation von 2016 darauf antwortete: »Y'all haters corny with that Illuminati mess«.[157]

Im Falle des amerikanischen Hip Hop kann man sogar von einer regelrechten »Illuminati Obsession« sprechen.[158] Prodigy von der stilbildenden Gruppe Mobb Deep etwa singt in der Hook eines Songs mit dem Titel *Illuminati*: »Illuminati want my mind, soul and my body / Secret Society trying to keep their eye on me«.[159]

Die Stücke, in denen diese »Illuminati Obsession« nicht nur nicht geteilt, sondern auch explizit kritisiert wird, sind rar. Zu diesen seltenen Stücken gehört *Supposedly* von Self Provoked; die Hook lautet: »Supposedly they got an eye on us / Supposedly they got our phones tapped / Supposedly, I'm supposed to be / Scared of a triangle with an eye inside«.[160] In einem weiteren Stück, in dem es um Unabhängigkeit und die Freiheit geht, eigenen Auffassungen zu folgen, auch wenn die Mehrheit ganz anderes denkt und verlangt, rappt er: »The fuck with that conscious shit / Cry to the heavens […] Pyramid with the eye got you shook and surprised […] Won't ever comply / I got no love for that bullshit infested with flies«.[161] Dem kalifornischen Graffiti- und Freestyle-Untergrund entstammend, vertritt Self Provoked damit eine ganz andere Version von »Realness« als das, was im amerikanischen Hip Hop-Mainstream dafür gilt. Dort hängt man der Verschwörungserzählung von alles kontrollierenden, abgrundtief bösen »Illuminati« an, während man zugleich von deren phantasierter Omnipotenz und all dem träumt, was angeblich daraus folgt: Geld, Frauen, Ruhm. Dagegen wendet sich Self Provoked, wenn er rappt:

> »My crew will go toe to toe with every fallen angel / We build our own pyramids with steeper type of angles / Throw bibles at you like I'm tryna preach a message / Living in god's farm, I'm tryna soak the lessons […] I don't dig these rappers, I don't like their flow / I don't like these cameras, I don't want these hoes«[162]

Die »Illuminati Obsession« findet sich vor allem und besonders ausgeprägt bei denjenigen Vertretern des amerikanischen Hip Hop, die mit den Black

Muslims und der Nation of Islam sympathisieren: Hier sind die »Illuminati« häufig anzutreffendes Synonym für die Vertreter des »Establishments«, die die schwarze Bevölkerung unterdrückten und in Armut und Abhängigkeit verhielten. Eine der wichtigsten Grundlagen für diese Weltanschauung ist zweifellos *The Secret Relationship of Blacks and Jews*: 1991 veröffentlicht, entwickelt Louis Farrakhan, der damalige Führer der Nation of Islam, hier den Mythos, dass der transatlantische Sklavenhandel wesentlich von Juden initiiert, organisiert und durchgeführt worden sei; im historischen Kern und bis heute beruhe das Elend der Schwarzen in den USA auf Unterdrückung durch die Juden.[163] Das Buch besteht aus grellen Verschwörungsphantasien, die im pseudowissenschaftlichen Gewand, historische Versatzstücke beliebig kompilierend, hererzählt werden, übte aber vielleicht gerade deswegen einen großen Einfluss auf die Entwicklung eines »Gegenbewusstseins« aus, das sich als *conscious* begreift.

Ebenfalls 1991 erschien das Buch *Behold a Pale Horse*[164] von Milton William Cooper, dem »Granddaddy of American Conspiracy Theorists«[165]. Cooper erklärt hier die geheime Verschwörung, die unter Beteiligung von UFOs und den Illuminaten Regierungen stürzen und neue Mächte installieren werden: Kurz davor, die Macht zu übernehmen, haben die Illuminaten, wie man hier lernen kann, bereits die Regierungen, Schulen, Banken und alle wichtigen Institutionen unterwandert, ohne dass die Menschen sich bewusst sind, dass sie langsam die Kontrolle über ihren Verstand übernehmen.

Die Songs von Nas, Tupac Shakur, Jay-Z und Public Enemy – und vielen anderen in deren Gefolge[166] – durchziehen derart viele Anspielungen auf dieses Buch, dass es geradezu zu einem Markenkern der »Counterknowledge« im Hip Hop geworden ist. Von hier aus fand die »Illuminati«-Verschwörungserzählung weltweite Aufnahme, in der Hip Hop-Bewegung ebenso wie darüber hinaus.

Wer diese »Illuminati« eigentlich sind und welche Ziele sie haben, ist auch in dieser so perpetuierten Verschwörungserzählung unwichtig. Wichtig ist es, zu »wissen«. »Illuminati that's the real enemy (x3) / Yea I know you ain't gotta be telling me«, weiß auch der irische Rapper und Songwriter

Rejjie Snow.[167] Und was zählt ist, dieses »Wissen«, *dass* da »jemand« »dahinter« sei, der das Ganze »kontrolliert«, kundzutun:

> »›It doesn't even matter who they are‹, says Prodigy. ›These people are so powerful we don't know who the fuck they are. They'll never let their identity be known. Money means nothing to them. It's about power and control. It's that old fight for your soul, against good versus evil. It's a power trip thing. They want power and they feed off of power. If you do the research, you'll see that something is happening. Somebody is in control of it.‹«[168]

Wer solche Macht hat und, das Licht scheuend, im Verborgenen arbeitet, wird diese Macht, denkt man, doch sicherlich auch nutzen, um weiter fernab der Öffentlichkeit im Verborgenen bleiben zu können. Anscheinend nicht die »Illuminati«. Zur Präsentation seines Albums *Hegelian Dialectic (The Book of Revelation)*, ein bunter Topf Geoffenbartes über Geheimbünde, Verschwörungen und psychologische Kriegsführung durch Regierungen etc. etc., organisierte Prodigy am 19. Mai 2017 in Brooklyn einen »Illuminati Ball«. Die Koketterie des Tabubruchs gehört zum Spektakel unbedingt dazu; sie verleiht dem Tabubrecher Glamour, während er freilich keinerlei Tabu bricht, sondern sich ganz in den engen Rahmen einer konformistischen Rebellion fügt.

In die Tradition der »Illuminati«-Kritik als »conscious« Gegenbewusstsein stellen sich auch Pop-Songs wie *Armaggedon* (2013) und *Apokalypse* (2016) des deutschen Testosteronselbstoptimierungsbarden Felix Blume alias Kollegah. »Ich seh' die Zeichen klarer, auch wenn die meisten es leugnen / Man muss nur in der Lage sein, die Zeichen zu deuten«, heißt es eingangs von *Armaggedon*, eines Stücks, das Blume anlässlich des Erreichens von einer Million Facebook-Followern als Freetrack veröffentlichte.[169] Was sieht, was versteht man da, wenn man die Zeichen zu deuten versteht? »[I]ch begreif' die Symbole, die schleichenden Omen / Das Zeichen der Rose, das Auge in der Ein-Dollar-Note / Sie sind einfach überall, so wie Feinstaub-Atome / Überall erkenn' ich die Handschrift der Freimaurerloge«.[170] In der Fortsetzung *Apokalypse* erzählt Blume von dem, was ihm aus – freilich selbst geheimen – Quellen »offenbar [wurde], was sonst niemand anderes sah / Doch jetzt sieht man die Gefahr«, nämlich dass der Weltuntergang bevorsteht und »die Illuminaten«, gierig und dämonisch, wie sie nun einmal sind, ihn zu verantworten haben.[171] Blume reimt:

> »Und wie zu erwarten / Gerieten die gefährlichen Schriften zu den Triumviraten der Illuminaten / Die statt ihr zu entsagen, die Magie nun erwachen ließen / Und sie in einem düsteren Ritus entfachten / Um ihre Macht zu stützen, Kraft des Wissens / Das sie noch heute wie einen geheimen Schatz beschützen / Die Mutigsten aus dem Orden wurden auserkoren / Haben dunkle Geister heraufbeschworen mit Zauberformeln / Die das Grauen formten / Man spricht von Schatten oder Dämonen, Meuchelei, Kriegstreiberei und Auftragsmorden / Uns ist zu vieles entgang'n / Wie dass alle Mächtigen der Geschichte den gleichen dreizehn Blutlinien entstammen / Von Babylon zu den ägyptischen Pharaonen / Trägern der europäischen und britischen Adelskronen / Bis hin zu Politik und US-Präsidenten / All jene, die die Geschicke der Welt geschäftsmännisch lenkten / War'n alles letztendlich Menschen vom Blut eines Dämonen / Die ihre Kraft aus ihm schon seit Urzeiten bezogen.«[172]

Das ist so schwül wie schwülstig, so cheesy wie campy. Genauso wie bei ausnahmslos allen Treffern, die man bei einer Suche nach dem Begriff »Illuminati« in Songtexten erhält (es sind sehr viele[173]). Die jeweils herbeigeraunte Tiefe könnte flacher nicht sein; der Bezug auf die Geschichte ist absolut ahistorisch und ebenso bloß behauptet wie die politischen Aussagen, die ähnlich viel mit Politik zu tun haben wie Capri-Sonne Orange mit Orangen.

Genau das aber scheinen wesentliche Charakteristika der verschwörungsdenkerischen Ästhetik zu sein. Was als Produkt dieser Warenklasse attraktiv sein will, muss sie erfüllen.

10. Die Ästhetik des Verschwörungsspektakels gründet auf einem Beteiligungsangebot für den Scharfsinn

Kulturell und insbesondere *pop*kulturell also erweist sich die Verschwörungserzählung als so produktiv wie nachhaltig. Das bedeutet freilich nicht, dass alle Nutzung und Anverwandlung verschwörungstheoretischer Motive in der Popkultur automatisch affirmativ wäre. Es kommt auf die Haltung, den Gestus, den Impetus an, wie mit dem verschwörungstheoretischen Material umgegangen wird; wie die Plots der Erzählungen angelegt sind und wie sie durchgeführt werden; welche Brechungen, Metaebenen, Reflexionen, Subversionen ins Spiel kommen.

Überdies hat die Rede von »*der* Popkultur« oft einen öd kulturkonservativen, meist auch einen mehr oder weniger verdruckst antiamerikanischen Hintergrund, der das komplexe Phänomen moderner Massenkultur in seinen historischen, gesellschaftlichen und alltagspraktischen Dimensionen schon deswegen nicht zu fassen vermag, weil zu seiner Bestimmung immer soziale, nationale, (hegemonial-)kulturspezifische und andere Faktoren unterschieden werden müssen, die zu seiner jeweiligen Gestalt beitragen, mithin (trotz der historischen Entstehung der modernen Popkultur in den USA und der anhaltenden Bedeutung der US-amerikanischen Popkultur) sinnvoll immer nur von Popkultur*en* die Rede sein kann.

Dennoch: Produktivität und Nachhaltigkeit von Verschwörungserzählungen sind über die verschiedenen Popkulturen hinweg zu beobachten, Verschwörungsphantasien lassen sich in türkischen Soap Operas, mexikanischen Familienfilmen, russischen oder chinesischen Historiendramen gleichermaßen finden.

Gründe dafür werden gerne in »dem Bewusstsein« der Rezipienten gesucht, die, je nach Couleur der Kritik, angeblich intellektuell, emotional oder psychisch zurückgeblieben seien.

Derlei Argumentationen sind so larmoyant wie läppisch. Sie enden immer in Sackgassen. Sie verkennen, dass das populäre Verschwörungsspektakel nicht auf Dummheit, sondern umgekehrt auf Scharfsinn basiert.

»Unterhaltung will (fast) ernstgenommen und (fast) bedeutungslos zugleich sein«, schreibt Hans-Otto Hügel in einem vielzitierten Aufsatz von 1993 zur ästhetischen Zweideutigkeit aller Unterhaltung:

> »Sie ist […] ›halb ernst und halb launig‹ zugleich: ›Unterhaltung ist immer beides und immer beides halb, hierin liegt ihre geringe Wirkung, aber auch ihre Faszination begründet‹ […]. Dieses Verharren der Unterhaltung in der Schwebe von Ernst und Unernst möchte ich als *Zweideutigkeit* fassen. *Ästhetisch* wird diese Zweideutigkeit genannt, weil es bei Unterhaltung nicht nur auf sinnliche Wahrnehmung ankommt, sondern weil die Wahrnehmung durch Formensprache strukturiert ist. Der Unterhaltungswert eines Fußballspiels z.B. hängt von der Qualität des Spiels ab, für die die Zuschauer Blick und Maß haben. Der Zuschauer unterhält sich, solange und weil er als Kenner das Gebotene einzuschätzen vermag. Zuschauen bei einem Ereignis, von dem man nichts versteht, bringt keine Unterhaltung – so spektakulär oder sonstwie angenehm das Vorgeführte ist. Kennerschaft, auf welchem Level auch immer, ist daher subjektive Voraussetzung für die Unterhaltung wie ein Mitteilungskern auf der Seite des Objekts.«[174]

Das gilt ebenso für das Verschwörungsdenken. Die Erklärungen, die es bietet, sind absolut ernst gemeint und werden zugleich immer gebrochen vorgetragen. Das gesamte Verschwörungsspektakel funktioniert nur aufgrund seines besonderen Appellcharakters: weil es Rezipienten reizt, indem es ihren Scharfsinn anspricht und anstachelt, füttert und befördert.

Wesentlich ergiebiger als kulturkonservative Geißelungen und Verdammungen aller Art ist es darum, erstens, die Struktur von Verschwörungserzählungen zu untersuchen, und zweitens, die Bedürfnisse näher zu charakterisieren zu versuchen, die sie offensichtlich erfolgreich bedienen.

Ein Grund für Produktivität und Nachhaltigkeit von Verschwörungserzählungen liegt in ihrer offenen Struktur: Sie sprechen Leser, Zuschauer, Hörer direkt an und lassen sich besonders gut weiterweben (weiterspinnen). Indem sie dieses Beteiligungsangebot in besonderem Maße eröffnen –

durch eine grundsätzlich offene Struktur und eine hohe Kompatibilität ihrer Erzählelemente untereinander[175] –, erfüllen sie auch eine wesentliche Bedingung popkultureller Produkte in besonderem Maße: »Der sich Unterhaltende hat (An-)Teil am Unterhaltungsgegenstand«[176] – und muss es haben, weil er sonst weder Interesse noch Konzentration an solch hochabstrakten Erklärungskonstruktionen aufbringen könnte, wie sie Verschwörungserzählungen immer auszeichnen, geschweige denn diese als Erklärungsmuster für Phänomene seiner unmittelbaren Lebensumgebung und als »Erfahrungen auf Vorrat«[177] für seine Alltagspraxis annehmen würde.

Ein entscheidend begünstigender Faktor ist überdies zweifellos, dass die Verschwörungserzählung einer Grundstruktur kulturindustrieller Produkte entgegenkommt: variierende Wiederholung des Immergleichen.[178] Die Erzählung von der Weltverschwörung durch geheime Mächte ist eine Fabel, die in endlosen Variationen immer wieder erzählt werden kann, und mit minimalem Aufwand ist es möglich, eine Prätention inhaltlicher, ja intellektueller Tiefe zu erzeugen, die vom Publikum durch bloße Anspielungen augenblicklich verstanden wird. »Tief« ist eine Erzählung, die auf viele Dinge geht, und die Erzählung von der Weltverschwörung geht auf virtuell alles. Und immer ist es letztlich der Mythos der alles unterwandernden – und ihrerseits jüdisch unterwanderten – Freimaurerei, deren Organisationen als wirtschaftlich, politisch und kulturell übermächtige Verursacher düsterer Machenschaften von Korruption, Gehirnwäsche, Mord über Kriege, Flugzeugabstürze und sonstige »Unfälle« aller Art bis hin zum Vertuschen der Existenz von UFOs und ihrer allfälligen Landungen phantasiert werden.

11. Poetik der Verschwörungsfabel: Erzählung – Verbindung – »Fäden«

Kunst, insbesondere Erzählkunst, stellt Verbindungen her und lässt Verbindungen sehen, wo vorher keine waren. Sie ermöglicht es uns, Erfahrungen Gestalt zu geben und so mitteilbar werden zu lassen, und vermittels ihrer können wir »bisher Ungekanntes an die eigene ›Erfahrungsgeschichte‹« anschließen.[179]

Im Fall erzählender Texte geschieht das »durch das Generieren von Bedeutung im Leseakt« – d.h., Bedeutung wird im Lesevorgang je und je allererst erzeugt:

> »Sie sind das Produkt einer Interaktion von Text und Leser und keine im Text versteckten Größen, die aufzuspüren allein der Interpretation vorbehalten bleibt. Generiert der Leser die Bedeutung eines Textes, so ist es nur zwangsläufig, wenn diese in einer je individuellen Gestalt erscheint.«[180]

Erzählende Texte enthalten das, was wir als ihre Bedeutung verstehen, also nicht an oder in sich, vielmehr hat die Realisierung des Textes, die Umsetzung von Fremderfahrung in eine eigene Erfahrung, das Einbringen der eigenen Erfahrungen des Lesers zur Voraussetzung und neue Erfahrungen zum Ergebnis.[181] Die Eigenart erzählender Texte ist somit

> »durch eine eigentümliche Schwebelage charakterisiert, die zwischen der Welt realer Gegenstände und der Erfahrungswelt des Lesers gleichsam hin und her pendelt. Jede Lektüre wird daher zu einem Akt, das oszillierende Gebilde des Textes an Bedeutungen festzumachen, die in der Regel im Lesevorgang selbst erzeugt werden«.[182]

Durch das Panoptikum multiperspektivisch dargestellter »Interaktionsformen«[183] im *Text* ergeben sich auch Perspektiven auf Erfahrung und Erkenntnis der Realität des *Lesers* – auch (oder vielleicht auch gerade dann), wenn er die dargestellte Realität nicht lebenspraktisch teilt. »Im Reichtum der

Blickpunkte«, die erzählende Texte systematisch erzeugen, vermittelt sich in einer besonderen Weise »die Reichhaltigkeit der beobachteten Welt«[184], und zwar sowohl der äußeren, »realen« als auch der inneren, psychischen Welt.

Jeder narrative Zusammenhang konstituiert somit eine eigene *erzählte Realität*, die auf eine charakteristische und signifikante Weise nicht deckungsgleich ist mit der, *von der erzählt wird*. Hier entsteht das, was dann der »Stil« eines Werkes oder die »Stimme« seines Autors genannt wird, die Art und Weise der Welterfassung des Werks mittels Sprache und Erzählung.

Wirklichkeit und »dargestellte Wirklichkeit«[185] fallen dabei nicht – niemals – zusammen, sondern treten in ein prozessuales Verweisungsverhältnis zueinander ein. Dies ist, was Albrecht Wellmer in Auseinandersetzung mit Gadamers Hermeneutik als »Wahrheitsspiel« zwischen Text und Leser beschrieben hat[186]: Der literarische Text unterbreitet dem Leser das Angebot einer »Wahrheitsvermutung«, die der Leser im Akt des Lesens – also nicht erst mit bewusster »Interpretation« des Textes, sondern schon mit jedem »Verstehensakt« – gleichsam zu überprüfen beginnt. Das so in Gang kommende »Wahrheitsspiel« zwischen Text und Leser ist ein in sich gespaltenes und unbeendbares Spiel von einander durchkreuzenden Verstehensvollzügen[187], das »letztlich auf eine Scheidung des Wahren vom Falschen, des Überzeugenden vom Brüchigen des Textes«[188] zielt.

Der erzählende Text hält nicht Wahrheit und Realität an sich bereit, sondern *Perspektiven* auf Realität und *Perspektiven* auf Wahrheit für seine Leser. Aus der Art und Weise des individuellen Zusammenspiels von sprachlichen Mitteln, Eigenheiten in Inhaltswahl und Formbehandlung, der charakteristischen Anwendung von Erzählstrategien etc. bildet sich für den Leser eine Gesamtansicht oder »Gesamtgestalt« der »Ordnung und Deutung des Lebens«.[189] Das mit erzählerischen Mitteln dargestellte »alltägliche und praktisch Wirkliche« fügt sich so, »daß aus Kreuzung, Ergänzung und Widerspruch etwas wie eine synthetische Weltsicht entsteht, oder doch wenigstens eine Aufgabe für den synthetischen Deutungswillen des Lesers«.[190]

In der Möglichkeit, über das Lesen Erfahrungen zu machen, die sonst ganz außerhalb unserer Erfahrungswelt liegen würden, Verbindungen herzustellen, wo keine waren, überhaupt der kognitiven und psychischen Aktivität, die wir dabei entfalten, liegt Interesse, Reiz und Abenteuer in, an und mit Erzählungen. Man kann sogar so weit gehen, zu sagen, die Erzählung generell biete sich »als ein Medium an, um die Welt unter den Vorzeichen eines magischen oder auch paranoiden Beziehungszwangs zu gestalten«.[191]

Das heißt natürlich nicht, dass sich Literatur als Medium, von ihrer Form her, besonders für die Darstellung pathogener Zustände wie Wahnvorstellungen eignet oder in besonderer Weise dazu neigt (obwohl ein solches Argument zu entwickeln sich durchaus lohnen könnte). Es heißt zunächst einmal nur, dass Literatur sowohl formal als auch inhaltlich eine Vielzahl von Verbindungen herstellt und herzustellen hilft, wo vorher keine waren, und uns dann erlaubt, diese Verbindungen zu durchdenken und, mehr noch, zu durchfühlen. Man muss bspw. kein Ehebrecher sein – und schon gar nicht im 19. Jahrhundert leben –, um etwa Anna Kareninas innere Tortur nachvollziehen, ihre Angst, entdeckt zu werden, und ihr Leiden an einem falschen Leben mitempfinden zu können.

Nun gibt es freilich auch eine lange Reihe literarischer Werke, die die Welt nicht nur »unter den Vorzeichen eines magischen oder auch paranoiden Beziehungszwangs […] gestalten«, sondern diesen »magischen oder paranoiden Beziehungszwang« *selbst erzählen*. An solchen Erzählungen lässt sich besonders gut nachvollziehen, wie Beziehungszwang *narrativ* funktioniert. (Was freilich gerade nicht bedeutet, dass es sich dabei um Erzählungen handeln muss, die Verschwörungen zum Inhalt haben; nur, dass diese Kunstwerke eine narrative Struktur entwerfen und ggf. auch eine Atmosphäre erzeugen, die sich in den Deutungsakten des Lesers beziehungszwanghaft auswirkt.)

Dazu zählt etwa Vladimir Nabokovs 1948 publizierte Erzählung *Signs and Symbols*.[192] Darin macht sich ein älteres Ehepaar auf, um den psychisch schwerkranken, suizidalen Sohn an dessen Geburtstag in der Psychiatrie zu besuchen und ihm ein Geburtstagsgeschenk zu übergeben. Bereits die Auswahl des Geschenks stellte sie vor erhebliche Schwierigkeiten, denn für den jungen Mann, »incurably deranged in his mind«[193], stellen Dinge nicht einfach Dinge dar:

> »Man-made objects were to him either hives of evil, vibrant with a malignant activity that he alone could perceive, or gross comforts for which no use could be found in his abstract world. After eliminating a number of articles that might offend him or frighten him (anything in the gadget line for instance was taboo), his parents chose a dainty and innocent trifle: a basket with ten different fruit jellies in ten little jars.«[194]

In der Psychiatrie eingetroffen, erfahren sie vom Personal, dass der Sohn abermals versucht hat, sich das Leben zu nehmen; ein Besuch ist deswegen nicht möglich. Nach der Rückkehr nach Hause verkündet der Ehemann seine Entscheidung, den Sohn aus dem Sanatorium zurück in die gemeinsame Wohnung zu holen. Die Erzählung endet mit rätselhaften Telefonanrufen: Bei den ersten beiden Anrufen fragt ein Mädchen nach »Charlie«; am Ende der Erzählung klingelt das Telefon ein drittes Mal.

Im Laufe der kurzen Erzählung erfährt der Leser zahlreiche Details aus dem Leben des namenlosen Paares: Der Ehemann war früher, bevor die Familie gezwungen war, infolge der Russischen Revolution ins Exil zu gehen, ein sehr erfolgreicher Geschäftsmann, doch nun ist die Familie finanziell vom Bruder des Mannes, Isaac, abhängig. Als sie in Deutschland lebten, konnten sie noch ein deutsches Dienstmädchen beschäftigen, was kurz darauf nicht mehr möglich war: Sie sind russische Juden, viele ihrer Verwandten wurden in der Shoah ermordet.

In einem Brief an Katharine White, die Herausgeberin der Zeitschrift *New Yorker*, in der die Erzählung zuerst erschien, beschrieb Nabokov *Signs and Symbols* als eine Erzählung, »wherein a second (main) story is woven into, or placed behind, the superficial semitransparent one«.[195] Nabokov sagt an dieser Stelle nicht, was diese zweite, eigentliche Geschichte hinter der opaken Vordergrundgeschichte ist. Sie mag zentral mit den Telefonanrufen am Ende der Erzählung zusammenhängen, wie verschiedentlich spekuliert und kompliziert ausinterpretiert wurde.[196] Näherliegend aber wäre die Vermutung, dass die Vordergrundgeschichte die Erzählung der Gegenwart ist und die eigentliche Geschichte die der Vergangenheit, die ihr hinterliegt und sich für den Leser aus »Zeichen und Symbolen« erschließt: die Geschichte der Familie, die zugleich Weltgeschichte ist.

Jedenfalls stellt sich der »Wahn« des Sohnes – der selbst gar nicht in Erscheinung tritt – vor dem Hintergrund dieser Informationen, die wir im Laufe der Erzählung über die Familie und damit auch über den Sohn erhalten, ganz anders dar: Während wir eingangs der Erzählung von ihm lediglich erfahren, er sei »unheilbar psychisch krank«, legen diese in der Erzählung eher nebenbei ausgebreiteten, versprengten Informationen zusammengenommen die Vermutung nahe, dass der psychische Zustand des Sohnes – ebenso wie die schlechte körperliche Gesundheit des Ehemannes – etwas mit dem Schicksal der Familie zu tun haben könnte. Mit dem Titel eines Aufsatzes gesprochen, den K.R. Eissler im Zusammenhang des Kampfes um Entschädigungen für die »Folgen der Verfolgung«[197] von dem Massenmord zwar entkommenen, aber eben dennoch psychisch auf vielfältige Weise geschädigten Juden 1963 schrieb[198]: Die Ermordung von wievielen seiner Verwandten muss ein Mensch symptomfrei ertragen können, um eine normale Konstitution zu haben?

Nabokovs Erzählung stellt diese Frage zumindest indirekt, zumindest auch. Die wahnhafte Störung des Sohnes jedenfalls trat, wie wir im Laufe von Nabokovs Erzählung erfahren, zum ersten Mal manifest auf, nachdem die Familie aus Europa in die USA emigriert war. Eine Rückblende aber gibt uns zu verstehen, dass die Krankheitsgeschichte schon früher begonnen haben muss. Nabokovs Erzählung führt diese Rückblende über die Mutter ein, die am Abend nach dem gescheiterten Besuch in der Psychiatrie vor dem Zubettgehen Bilder betrachtet und ihre Version des Lesens von »Zeichen und Symbolen« betreibt, indem sie die Bilder auf Anzeichen für die Krankheit des Sohnes befragt. Im Zeitraffer sehen wir mit der Mutter Lebensstationen des Sohnes, die sie zugleich als Stationen in der Entwicklung der Krankheit des Sohnes liest:

> »As a baby he looked more surprised than most babies. From a fold in the album, a German maid they had had in Leipzig and her fat-faced fiancé fell out. Minsk, the Revolution, Leipzig, Berlin, Leipzig, a slanting housefront badly out of focus. Four years old, in a park: moodily, shyly, with puckered forehead, looking away from an eager squirrel as he would from any other stranger. Aunt Rosa, a fussy, angular, wild-eyed old lady, who had lived in a tremulous world of bad news, bankruptcies, train accidents, cancerous growths—until the Germans put her to death, together with all the people she had worried about. Age six—that was when he drew wonderful birds with human hands and feet, and suffered from insomnia like a grown-up man. His cousin, now a famous chess player. He again, aged about eight, already difficult to understand, afraid of the wallpaper in the passage, afraid of a certain picture in a book which merely showed an idyllic landscape with rocks on a hillside and an old cart wheel hanging from the branch of a leafless tree. Aged ten: the year they left Europe. The shame, the pity, the humiliating difficulties, the ugly, vicious, backward children he was with in that special school. And then came a time in his life, coinciding with a long convalescence after pneumonia, when those little phobias of his which his parents had stubbornly regarded as the eccentricities of a prodigiously gifted child hardened as it were into a dense tangle of logically interacting illusions, making him totally inaccessible to normal minds.«[199]

Woran leidet der Sohn? Auch das erfahren wir: an Beziehungswahn. Beziehungswahn ist eine anhaltende wahnhafte Störung, die meist im Rahmen einer paranoiden Schizophrenie auftritt. Nabokovs Erzählung führt diese Diagnose auch genau so ein, gleich zu Beginn der Erzählung in einer Rückblende, ebenfalls über einen Einblick in die Gedanken der Mutter, während diese sich auf der Fahrt zum Besuch bei ihrem Sohn in der Psychiatrie befindet:

> »›Referential mania‹, Herman Brink had called it. In these very rare cases the patient imagines that everything happening around him is a veiled

> reference to his personality and existence. He excludes real people from the conspiracy – because he considers himself to be so much more intelligent than other men. Phenomenal nature shadows him wherever he goes. Clouds in the staring sky transmit to one another, by means of slow signs, incredibly detailed information regarding him. His inmost thoughts are discussed at nightfall, in manual alphabet, by darkly gesticulating trees. Pebbles or stains or sun flecks form patterns representing in some awful way messages which he must intercept. Everything is a cipher and of everything he is the theme.«[200]

Ein an Beziehungswahn Leidender erlebt alle um ihn herum geschehenden Ereignisse als einen verschleierten Hinweis auf ihn selbst und sein ganzes Leben. Nichts davon ist zufällig oder ohne Sinn, vielmehr ist die Person selbst Thema von allem, alles, was überhaupt da ist, die ganze Umwelt, hat einen sinnhaften Bezug auf sie. Alles hat Mitteilungscharakter, steht für etwas anderes, ist eine Botschaft, eine Chiffre, die auf ihre verschleierte, verrätselte Botschaft zu befragen und nach einem gewissen System zu entschlüsseln ist. Das ist das Paranoide am Beziehungswahn: Alles hat Bezug und Bedeutung, ist zu einem System geschlossen, und der Kern dieses Systems ist – eine Verschwörung.

Genau dies aber ist auch, wozu Nabokovs Erzählung uns bringt: Die titelgebenden »Zeichen und Symbole« zu lesen und so aufeinander zu beziehen, dass sich ein Zusammenhang, Sinn ergibt. Wir tun das automatisch, schon beim »normalen« Lesen, nicht erst, wenn wir in die Interpretation der Erzählung einsteigen.

Einige Kritiker vertreten die Auffassung, dass Nabokov den Leser von *Signs and Symbols* durch die Gestaltung von Mustern und symbolisch aufgeladenen Details absichtlich so verwickelt, dass der Leser zu einer ständigen Überinterpretation gebracht wird, die dem »Beziehungswahn« des verrückten Sohnes der Erzählung ähnelt, und den Leser auf diese Weise dazu zwingt, die Geschichte so zu lesen, als ob alles in ihr eine Chiffre wäre, ein Hinweis auf etwas anderes, in dem die »eigentliche Bedeutung« der Erzählung liegt.[201] Dies ist jedoch eine hochkomplizierte, hochkomplexe

Weise eines »Lesens«, in das gewiss nicht jeder Leser einsteigen wird. Sehr wohl aber diejenigen professionellen Leser, deren – poststrukturalistische – Theorien diese Interpretation von Nabokovs Erzählung nahelegen, ja: fast automatisch nach sich ziehen – zielen diese Erzähltheorien, die nicht lediglich untersuchen, wie Welt erzählt wird, sondern zeigen wollen, dass die gesamte Welt als solche nichts als Erzählung sei, doch letztlich immer darauf ab, Vernunft bereits in ihrer Konstitution, erst recht aber in ihrem Vollzug als so paranoid wie totalitär, eben: als verrückt zu demaskieren.[202] Derlei Interpretationen basieren auf einer grundsätzlichen, so intendierten wie forcierten Verwechslung und Vermischung von Zeichen mit Symbolen – nicht erst in Auseinandersetzung mit Nabokovs Literatur, sondern schon, weil der poststrukturalistische Zeichenbegriff auf einer Verabsolutierung und Totalisierung des Zeichenbegriffs, wie ihn der Strukturalist Ferdinand de Saussure eingeführt hatte, aufbaut: Da die Welt für diese Theorien keine Welt aus Dingen oder Materie ist, sondern ein Zeichensystem, nichts als »Text«, ist für sie auch jede Erklärung dieser Welt eine bloße »Erzählung«, nichts als ein unendliches Gleiten an Signifikantenketten entlang, die auf kein Signifikat mehr gehen, weil jede Beziehung auf ein Bezeichnetes nurmehr Ideologie, »Wahn« sei.

Um zu erkennen, wie Nabokovs Erzählung uns dazu bringt, »Zeichen und Symbole« zu lesen und so aufeinander zu beziehen, dass sich ein Zusammenhang, Sinn ergibt, muss man mitnichten so weit gehen. Nicht erst dann, wenn wir die verschiedenen Ebenen der Erzählung identifizieren und aufeinander beziehen wollen, bringt uns der Text dazu, sondern bereits *im Akt des Lesens*: Wir verstehen überhaupt nur, was die Erzählung uns erzählt, in einem ganz grundlegenden Sinne können wir überhaupt nur Zusammenhänge herstellen, indem wir die Zeichen und Symbole – die Buchstaben, die Wörter, die Metaphern, die Erzählsegmente, die Verweise auf Elemente der wirklichen Welt wie etwa U-Bahnen oder komplexe historische Geschehnisse wie die Russische Revolution – *lesen*, und zwar im engeren Sinne der Auffassung zeichenförmiger visueller Informationen ebenso wie im übertragenen Sinne von »Lesen«, d.h. der Zusammenfügung von komplexen Informationen zu einer Erzählung. Diese Form, Beziehungen herzustellen, ist eine Kulturtechnik, die wir seit frühester Kindheit einüben und ständig weiterentwickeln. Indem wir diese Beziehungen herstellen, üben wir uns lesend auch darin ein, unsere *Welt* zu lesen, d.h. zu verstehen, indem wir die Mannigfaltigkeit der Dinge, die auf uns kommen, in eine wahrnehmbare Folge bringen, in eine *Perspektive*, mittels derer sich Sinn ergibt. Im Prozess der Adaption und Transformation einer im Text aufgehobenen Fremderfahrung in eine eigene Erfahrung wird »bisher Ungekanntes an die eigene ›Erfahrungsgeschichte‹« angeschlossen: »Dies geschieht durch das *Generieren* von Bedeutung im Leseakt«[203] – durch eine sehr aktive Tätigkeit also, die der Text, den wir lesen, lediglich anstößt. In diesem ganz bestimmten Sinne bringen uns Erzählungen generell dazu, »die Welt unter den Vorzeichen eines magischen oder auch paranoiden Beziehungszwangs zu gestalten«.[204]

Nabokov treibt dieses allgemeine Prinzip von Erzählung in seiner Erzählung auf die Spitze, indem das Aufeinander-Beziehen von »Zeichen und Symbolen«, das wir beim Lesen automatisch vollziehen, hier selbst inhaltlich thematisch wird. Dies tut seine Erzählung auf (mindestens) drei verschiedene Weisen. Zunächst über das erste und wichtigste Erzählelement: die Krankheit des Sohnes, die darin besteht, Beziehungen herzustellen, denen in der Wirklichkeit keine entsprechen. Dann, zweitens, über die Eltern, die verzweifelt versuchen, mit der Krankheit des Sohnes umzugehen und sie zu verstehen, indem sie auf ihre je eigene Weise die »Zeichen und Symbole« lesen, die zu ihr geführt haben könnten, und zu einer eigenen Erzählung, einer privaten Ätiologie ihres Sohnes, zusammenschließen, die wiederum ihr eigenes Leben und die gesamte Familiengeschichte – die zugleich Weltgeschichte ist – in eine gewisse Perspektive rückt. Und schließlich, indem Nabokov die Erzählung formal so organisiert, dass der Leser darauf verwiesen ist, die »Zeichen und Symbole« der Erzählung nicht nur zu lesen, lediglich passiv zur Kenntnis zu nehmen, sondern sie auch aktiv zusammenzubringen, d.h. sie zu *deuten*.

Dazu sind wir gezwungen, weil die Fabel der Erzählung, die eigentliche Geschichte, zerlöchert und über die ganze Erzählung in einem Mosaik verstreut ausgebreitet ist. Anders gesagt: Die Fabel der Erzählung wird nicht linear auserzählt, sondern systematisch über »Leerstellen« evoziert.

Leerstellen sind »ausgesparte Anschlüsse« zwischen zwei oder mehreren Text- bzw. Sinnsegmenten, die durch die Vorstellung des Lesers ausgefüllt werden (müssen). Sie sind deswegen konstitutiv für die Interaktion zwischen Text und Leser und als »›Gelenke des Textes‹«, als »›gedachte Scharniere‹ der Darstellungsperspektiven« aufzufassen.[205] Zu unterscheiden ist hier also zwischen dem, was durch die Textschemata selbst für die Darstellungsperspektiven festgelegt ist, und dem, was sich an Möglichkeiten zur Füllung des durch den Text gegebenen Rahmens auftut, wenn die Schemata des Textes durch die Vorstellungsakte des Lesers aufeinander bezogen werden.

Nabokov hat seine Erzählung so angelegt, dass die narrativen, kausalen Zusammenhänge zwischen (psychologischem) Innerem und (alltags-, familien- und weltgeschichtlichem) Äußerem kassiert werden, und zwar durch Verzicht auf erzählerische Kommentierung und systematische Reduktion logischer Durchartikulation. Durch dieses »›Minusverfahren‹«[206] verschwindet gleichsam das ganze logische – v.a. das *psycho*-logische – Kleingeld der Erzählung in den Räumen zwischen den Erzählsegmenten, die einander schroff bis geradewegs widersprüchlich gegenüberstehen. Doch obgleich die narrative Verkettung nicht ausgesprochenermaßen, nur implizit vorhanden ist, bleibt sie unter der Hand, als unausgesprochen erzählte Geschichte, spürbar. Das Ergebnis ist, dass der Leser von Nabokovs Erzählung, die von einem an Beziehungswahn Leidenden, manisch »Zeichen und Symbole« Sammelnden erzählt, zu einem seinerseits manisch »Zeichen und Symbole« sammelnden, nach Bedeutung suchenden und Beziehungen herstellenden Sinnproduzent werden muss, um die Erzählung lesen, d.h. erfassen zu können, was sie *eigentlich* erzählt.

Dies ist das Element von Nabokovs Erzählung, das die Erzählung inhaltlich – in dem, wovon erzählt wird – und formal – in der Weise, wie die Erzählung die Text-Leser-Interaktion organisiert – »magisch« oder auch »paranoid« werden lässt. Der vom Sohn in seinem Beziehungswahn phantasierten »Verschwörung« der ihn umgebenden Dinge, die für ihn nicht diese Dinge, sondern »Zeichen und Symbole« sind, die auf diese Verschwörung verweisen und von ihr erzählen, entspricht eine in Nabokovs Erzählweise angelegte Verschwörung der »Zeichen und Symbole«, die den Leser systematisch einbezieht: Durch diese Erzähltechnik wird Lesen von einem eher passiven Nachvollzug zu einem aktiven, nie endgültig abschließbaren Akt, der deswegen »magisch« ist, weil im Laufe seines Vollzugs ständig neue Objekte – Perspektiven – hervorgebracht werden, und deswegen »paranoid«, weil dabei in einer hochdynamischen Weise ständig neue Beziehungen zwischen den Erzählelementen und -segmenten gesetzt werden können und müssen.

Besonders gilt das für das Ende der Erzählung. Als das Ehepaar im nächtlichen Gespräch dabei ist zu beschließen, den Sohn trotz der damit verbundenen Gefahren aus der Psychiatrie wieder zu sich nach Hause zu holen, klingelt das Telefon. Es ist mitten in der Nacht, ungewöhnlich für einen Anruf. Die Frau hebt ab, am anderen Ende fragt die Stimme eines Mädchens, ob sie »Charlie« sprechen könne. Die Frau teilt ihr mit, dass sie wohl die falsche Nummer haben müsse und legt auf. Der Anruf hat sie, wie sie ihrem Mann mitteilt, geängstigt. Als das Telefon ein zweites Mal klingelt, ist dieselbe Stimme am anderen Ende. Die Frau sagt ihr: »You have the incorrect number. I will tell you what you are doing: you are turning the letter O instead of the zero.«[207] Die Erzählung endet dann damit, dass das Telefon ein drittes Mal klingelt.

Nicht nur der wiederholte Anruf des Mädchens in der Nacht ist seltsam, auch an der Antwort, die die alte Frau dem Mädchen am anderen Ende des Telefons gibt, ist so einiges sonderbar. Die Frau reagiert auf die rätselhafte Störung mit der Prüfung der von dem Mädchen falsch gewählten Nummer von »Charlie« und gibt eine Antwort, die selbst zu einem Rätsel gerät. Genauer betrachtet sieht der Gedankengang so aus:[208] »Charlies« Nummer unterscheide sich von der ihren durch das Vorhandensein der Null. So kommt sie zu dem Schluss, dass die Ursache des Fehlers darin liegt, dass die benötigte Ziffer durch den Buchstaben O ersetzt wurde – oder, mit anderen Worten, dass ein Zeichen durch ein Symbol ersetzt wurde, da nach der Definition des Wörterbuchs Buchstaben oder alphabetische Zeichen Zeichen sind, während Zahlen und Ziffern Symbole sind. Die Mitteilung der Frau an das Mädchen am anderen Ende verweist also abermals auf jene »Zeichen und Symbole« im Titel der Erzählung. Doch auch dieser Nachvollzug des Gedankengangs der alten Frau löst das Mysterium ihrer Antwort nicht, sondern stellt es eigentlich erst wirklich: Was ergibt sich, wenn man ihrem Hinweis nachgeht?

In einer Arbeit über Nabokovs Erzählung ist unter vielen anderen der Kritiker Alexander Dolinin dem sich so ergebenden Rätsel en détail nachgegangen und hat es, u.a. unter Betrachtung amerikanischer Telefone, so aufgelöst:[209] Anstelle der »leeren« Null wählt das Mädchen die Sechs, was auf der Telefonwählscheibe drei Buchstaben entspricht, M, N und O. Ohne hier weiter in die komplizierten Details der Deutung einzusteigen (die Dolinin allesamt plausibel präsentiert und belegt): Dolinin – und in seiner Deutung auch die alte Frau, ob bewusst oder unbewusst – versteht die Anruferin als Medium der Übermittlung eines »OMEN« – wodurch sich auch erklären würde, dass die alte Frau von dem Anruf so geängstigt ist, dass sie sich ans Herz fasst. Dolinins Dechiffrierung der über die gesamte Erzählung verteilten Zeichen, Symbole und Chiffren führt dann auf ein ganz anderes, verstecktes, codiertes Ende der Erzählung: In dem Moment, wo seine Eltern beschließen, ihn wieder zu sich nach Hause zu nehmen, gebe der Sohn ihnen zu verstehen, dass sie tatsächlich wiedervereint sein werden, nur nicht im Hier und Jetzt. Der dritte Anruf, mit der die Erzählung endet, wäre dann gleichsam ein Anruf aus dem Jenseits, in das der Sohn nach einem – diesmal erfolgreichen – Selbstmordversuch gegangen ist.

Offene Enden sind alles andere als ungewöhnlich, gerade in Kurzerzählungen. Nabokov gestaltet das Ende dieser Erzählung jedoch so rätselhaft, dass der Leser das Ende nicht einfach zur Kenntnis nehmen kann, sondern unweigerlich nach einer Erklärung für das mysteriöse Geschehen zu suchen beginnt. Spätestens hier begibt er sich in jenes raffinierte System von »Zeichen und Symbolen«, in das Nabokovs Erzähltechnik ihn von Anfang an impliziert hatte. Mit dem dritten Anruf ruft sozusagen die Verschwörung an, um vom Leser aufgeklärt zu werden.

Das »Zeichen und Symbole«-System der Erzählung besteht aus einer Verschaltung von Erzählebenen, die so angelegt ist, dass das manifest Erzählte, das bereits in sich in den logischen und zeitlichen Verbindungen gebrochen und collagenhaft zusammengefügt ist, in einem ständigen Wechselspiel mit Andeutungen, Implikationen und Referenzen steht. So entstehen wechselnde Scharniere, entlang derer sich ganz unterschiedliche Weisen des Verstehens desselben Textes ergeben – eine Technik, die die Erzählung zu einem Spiegelkabinett macht. Die Anlage der Erzählung zwingt den Leser, in das Spiel von »Zeichen und Symbolen« einzusteigen, und zwar auch dann, wenn er kein großer Freund von Knobeleien ist, einfach, um sich auf das, was die Erzählung erzählt, einen Reim machen zu können. Und dieses Verständnis der Erzählung kann völlig unterschiedlich ausfallen; diese ganz verschiedenen Auslegungen aber sind, wie die ausufernde Forschung zu Nabokovs Erzählung eindrücklich zeigt, jeweils kohärent, beleg- und begründbar. Was der Leser sieht oder nicht sieht, wie er die Elemente der Erzählung zusammenbringt und wie er die hinterliegende, »eigentliche« Geschichte, die die Erzählung erzählt, versteht, ist dabei von ihm selbst abhängig: Den Weg einer Herstellung der Sinnhaftigkeit der einzelnen Elemente und der Kohärenz des Ganzen geht jeder Leser anders, je nach der Disposition, die der Leser mit- und in die Erzählung einbringt.

Kurz gesagt: Was in dieser Erzählung Fakt ist, bestimmt die Theorie, die der Leser sich im Akt des Lesens über sie bildet. Und die narrative Technik der Erzählung zwingt den Leser zu ebenjener Projektionstätigkeit, der der gar nicht in Erscheinung tretende Protagonist der Erzählung in der Erzählung krankhaft erlegen ist.

Noch weiter und zur Spitze getrieben hat Nabokov dieses Erzählverfahren in seinem 1962 erschienenen Roman *Pale Fire.*[210] Er wurde dann zu einem der einflussreichsten englischsprachigen Romane überhaupt – nicht zufällig, bringt er doch die Tendenz zur Zersplitterung, Verdunklung und Verrätselung, die moderner, besonders »postmoderner« Literatur überhaupt eignet, zu einem Punkt, jenseits dessen es gar keine Kohärenz mehr gibt. In einem hochkomplexen, intrikaten Zusammenspiel verschiedener lose aufeinander bezogener Text- und Erzählebenen voller Anspielungen und einem Reichtum möglicher thematischer Verknüpfungen verschickt *Pale Fire* Leser und Kritiker in ein Labyrinth aus Rätseln und Mysterien, deren interpretatorische Auflösung völlig unterschiedliche, ja absolut disparate Ergebnisse, neue Rätsel und Mysterien zeitigt. Je nach Lektüreart ist das, was in diesem Roman *eigentlich* erzählt wird, ein Bild der englischen Literatur,[211] eine Kritik derselben und ihrer Leser,[212] der Bezug zu einer höheren Welt und Einblick in das Leben nach dem Tod[213] – um nur einige wenige Lesarten zu nennen. Alle diese Lesarten sind möglich. Was nicht heißt, dass die Auslegung des Textes beliebig wäre, nur, dass die Leerstellen im Text *systematisch* so angelegt sind, dass die von der Anlage des Textes objektiv geforderte Ausfüllung durch die subjektive Leserphantasie (und damit auch andere außertextuelle Momente wie etwa der Art, wie realhistorische Daten u.a., auf die angespielt wird, im manifesten Textgefüge verortet werden, u. dgl.) dieser geforderten Deutungsaktivität des Lesers einen maximalen Raum ebenso zuweist wie auch einräumt.

Gelingen solche »magischen oder auch paranoiden« Erzählungen, vermögen sie im Modus des Zeigens etwas darzustellen, was sich anders als auf diese Weise weder mitteilen noch darstellen lässt. Die verschachtelte und vielfach in sich gebrochene Erzählstruktur mit unzähligen Verweisen auf andere Elemente ihrer selbst und über sich hinaus – wie etwa in Roberto Bolaños *4666*[214], in Thomas Pynchons Opus magnum *Gravity's Rainbow*, Norman Mailers *Harlot's Ghost*[215], Don DeLillos *Libra*[216] oder anderen in der Tradition der »Great American Novel« stehenden Romanen – verweist auf die unübersichtlich gewordene, labyrinthhafte Gestalt gesellschaftlicher Strukturen und bildet sie ebenso formal nach wie sie sie in ihrer Narration inhaltlich zu erfassen versucht. Ihre erzähltechnische Anlage setzt ihre Leser auf die Spur eines Mahlstroms aus »Zeichen und Symbolen«, und in dem Versuch, lesend den Sinn der ausgelegten Spuren zu erfassen, indem sie sie zu einer »eigentlichen« Geschichte hinter den Geschichten zusammenfügen, beginnen sie die dargestellte Welt zu lesen und zu denken wie Verschwörungsdenker die *reale* Welt lesen und denken.

Verschwörungstheorien sind eigentlich nichts anderes als Erzählungen über die Welt. Wie alle Erzählungen können sie mehr oder weniger interessant, mehr oder weniger plausibel ausfallen. Und so wie literarische Erzählungen die Welt nicht nur darstellen, sondern ihre Gestalt auch antizipieren können, kommt es durchaus auch vor, dass Verschwörungserzählungen die Realität treffender beschreiben als berufene Experten oder Journalisten das vermögen. Umberto Eco schreibt:

> »Dass es in der Geschichte Verschwörungen gab und immer gegeben hat, scheint mir evident zu sein – vom Komplott zur Ermordung Julius Cäsars über die Pulververschwörung in England und Georges Cadoudals Konspiration der Höllenmaschine in Frankreich bis hin zu den heutigen Finanzkomplotten, mit denen Aktiengesellschaften zur Macht an der Börse verholfen werden soll. [...] Reale Verschwörungen sind also keineswegs mysteriös.«[217]

Für so mysteriös wie unerforschlich hält Eco eher das so weitverbreitete Phänomen, Verschwörungstheorien zu erdenken:

> »Interessant ist dagegen das Phänomen des Verschwörungssyndroms und des Erdichtens bisweilen sogar weltumspannender Konspirationen, von denen es im Internet geradezu wimmelt und die mysteriös und unerforschlich bleiben, weil für sie dasselbe gilt wie für das Geheimnis, über das der Soziologe Georg Simmel geschrieben hat, dass es umso mächtiger und verlockender wird, je leerer es ist. Ein leeres Geheimnis erhebt sich drohend und kann weder aufgedeckt noch widerlegt werden, und genau deshalb wird es zu einem Machtinstrument.«[218]

Verschwörungsdenker etablieren sich als souveräne Erzähler, indem sie sowohl im Mündlichen als auch im Schriftlichen systematisch Verbindungen herstellen, und zwar Verbindungen von Zeichen und Symbolen untereinander als auch Verbindungen zu ihren Zuhörern oder Lesern. Dies geschieht mittels eines ganzen Repertoires von Techniken; etwa durch den Rückgriff auf traditionelle Sprachbilder oder auch visuelle Tropen – wie dem vielarmigen Oktopus oder der Schlange mit der gespaltenen Zunge –, die gemäß der Verschwörungserzählung mehr oder weniger subtil umgedeutet werden. Sie dienen dann als Einleitungen zu einer größeren Erzählung, die mit Elementen eines konkreten historischen Kontexts ausgekleidet wird, mit dem Zuhörer oder Leser einerseits vertraut sind, den sie andererseits aber »in einem ganz neuen Licht« präsentiert bekommen.[219] Alle Linien dieser Erzählung laufen in einem Fluchtpunkt zusammen, ebenjenem »Geheimnis«, das immer im Dunkeln und »leer« bleibt. Eine Verschwörungserzählung ist also eine Erzählung, die aus lauter Set-Ups zur Aufdeckung eines Geheimnisses besteht. Die angebliche Entschleierung dieses Geheimnisses im Erzählen perpetuiert das Geheimnis; mehr noch: sie *produziert* es allererst. Die Verbindungen, die durch das Erzählen gezogen werden, *sind* das Geheimnis, das erzählt werden soll.

In Verschwörungserzählungen verabsolutiert sich das Charakteristikum der Herstellung unbekannter Verbindungen, das nicht nur besonders verrätselten Erzählungen, sondern Erzählungen generell stets eignet, zu einem Beziehungswahn. Ergebnis, Form und Ausdruck dieses Beziehungswahns ist die Annahme einer Verschwörung, die sich angeblich in der realen Welt ereignet. Zufällige, diskrete Ereignisse werden zu kontinuierlichen Reihen zusammengestellt und, induktiv vom Kleinen ins ganz Große springend, zu Mustern erklärt, die ebenjener Struktur entsprächen, die auch der *Realität* hinterliege. Leerstellen im Wissen über die Realität werden mit Vermutungen und Phantasien ausgefüllt, die in Fabeln über die Realität auserzählt werden. Und diese Fabeln geraten schließlich zur Realität selbst.

Anders als das immer wieder gern behauptet wird, braucht es keineswegs ein »krankes«, d.h. defektes Hirn zum Erdenken und Zusammendichten von Verschwörungstheorien, sondern umgekehrt ein besonders produktiv funktionierendes. Wie ein solches produktives Funktionieren vonstatten geht, und durch welche Anreize es wie in Gang gesetzt wird, das kann man an sich selbst studieren, wenn man Erzählungen wie Nabokovs *Signs and Symbols* liest und beobachtet, wie man in ein Netz aus Erzählelementen verstrickt wird, das über von der Leserphantasie auszufüllende Leerstellen so angelegt ist, dass es einen Reichtum an Verschaltungsmöglichkeiten bietet – und damit ein Beteiligungs- und Beziehungsangebot, auf das einzugehen ebenso lustvoll ist wie das Zusammenfügen der ausgelegten »Zeichen und Symbole« zu einem System aus Sinn und Bedeutung. Der Unterschied ist lediglich der, dass wir beim Lesen einer solchen Erzählung im Bereich der *Fiktion* mit *fiktiven* Elementen tun, was Verschwörungsdenker in der *Realität* mit realen *Tatsachen* tun. Und dieser Unterschied ist geringer, als uns geheuer sein kann.

Verschwörungsdenken bricht Tatsachen bereits durch die willkürliche Begrenzung des Kontextes, dem sie entstammen, auf fiktive Elemente herunter. Dies ist eine der wichtigsten Eigenschaften des Verschwörungsdenkens: Die »›politische‹ Komplexitäts*reduktion*« geht in ihm geradezu zwangsläufig mit einer »›semiotischen‹ Komplexitäts*produktion*« einher.[220] Die Auseinandersetzung mit Tatsachen der Realität ist meistens kleinteilig, mühsam, schrecklich langweilig und erfordert Geduld; das Panorama vielfältig miteinander verknüpfbarer Elemente, das sich im Verschwörungsdenken entfaltet, hingegen ist spannend und lädt zum aktiven und lustvollen Kombinieren, Collagieren, Ausprobieren ein, zu einem Spiel, an dessen Ende die Prämie der Herstellung einer selbstgemachten Ordnung und damit auch Kontrolle über das winkt, was im *real life* so unüberblickbar wie unkontrollierbar ist. Man könnte von einem Prozess der Fiktionalisierung der Realität sprechen, in dessen Vollzug sich die Realität einfacher darstellt, während sich die Möglichkeiten ihrer Interpretation zugleich vervielfachen.

Der inhaltliche Reiz von Verschwörungserzählungen ist somit zugleich ein formaler Reiz: Er liegt in der Entfaltung eines Netzes reichster Beziehungen und Verbindungen, wo vorher keine waren – je widersprüchlicher, desto spannender. Ein Abenteuer, das dadurch noch verstärkt wird, dass derjenige, der sich auf dessen Pfad begibt, das immer mit der Geste eines Tabubruchs tut: denn er denkt, was angeblich nicht gedacht, und spricht aus, was angeblich nicht ausgesprochen werden darf. Der *thrill* dieses Abenteuers, die sich dabei bildende Angstlust[221], ist urszenenhaft: Ähnlich wie das Kind, das den verbotenen Blick durchs Schlüsselloch des elterlichen Schlafzimmers wagt, tun Verschwörungsdenker einen Blick »hinter die Kulissen« und entdecken dabei allerlei dunkle Machenschaften, die so unverständlich-dunkel wie mysteriös-interessant sind. Eigentlich aber geht es gar nicht um die Lösung des Rätsels, sondern um die Tätigkeit, das Heimliche, die Spannung bei der schleichenden Annäherung an das Mysterium, das Rätseln selbst.

Das *Interesse* manifester Verschwörungserzählungen besteht so wohl vor allem darin, die Frage nach dem, was »wirklich« »dahinter« steckt, überhaupt zu stellen und vorderhand disparate Dinge zu »Fäden« zusammenzuführen, bis die Rolle des Zufalls völlig ausgeschaltet ist und im Chaos sich widersprechender Phänomene ein Muster sichtbar, eine Ordnung erkennbar wird. Das ist an sich schon befriedigend, hinzu kommt aber noch die narzisstische Gratifikation, mit der Entschlüsselung versteckter Hinweise ein Wissen erworben zu haben, das niemandem sonst zugänglich ist. *Geheim* ist dieses Wissen also tatsächlich – die Frage ist eben nur, ob diesem Geheimwissen auch etwas in der Realität entspricht.

III.

VERSCHWÖRUNG DENKEN: LOGIK UND (PSYCHO-)ÖKONOMIE DES VERSCHWÖRUNGSDENKENS

12. Verschwörungsdenken versteht sich als Aufklärung über unerhörte Verhältnisse

Unsere Erkenntnis richtet sich nicht nach den Gegenständen, sondern die Gegenstände, als Objekte unserer Sinne, richten sich nach der Beschaffenheit unseres Anschauungsvermögens[222]: Mit dieser Position – die sogenannte Kopernikanische Wende in der Philosophie – begründete Kant eine neue Stellung des Subjekts zu dem, was gerechtfertigterweise Objektivität heißen kann. Im Allgemeinverständnis spricht man von Objektivität noch immer dort, wo Dinge an sich, also unabhängig vom Subjekt, gesehen werden. Die »Revolution der Denkart«, die Kants kritische Philosophie brachte, dagegen forderte die Befreiung aus der Befangenheit in diesem erkenntnistheoretischen Realismus: Die Gegenstände unserer Erkenntnis waren demnach nicht länger als an sich bestehende Dinge anzusprechen, sondern mussten, wie Kant zeigte, *im Verhältnis zum erkennenden Subjekt* verstanden werden. Notwendigkeit und Allgemeinheit der Erkenntnis sind nicht den Gegenständen selbst zu entnehmen, sondern müssen *aus der Verfasstheit des erkennenden Subjekts selbst* begriffen werden. Weil unser Erkenntnisvermögen so eingerichtet ist, dass wir nicht über die Grenze unserer Erfahrung hinausgehen können, ist Erkenntnis nur möglich von Gegenständen der *Erfahrung*, d.h. den Dingen, die den Bedingungen der sinnlichen Anschauung unterliegen. Wir können also

> »unsere Fragen nicht weiter [...] treiben, als nur so weit mögliche Erfahrung uns das Objekt derselben an die Hand geben kann: so werden wir uns es nicht einmal einfallen lassen, über die Gegenstände unserer Sinne nach demjenigen, was sie an sich selbst, d.i. ohne alle Beziehung auf die Sinne sein mögen, Erkundigung anzustellen.«[223]

So rettete Kant die Objektivität: *durch das Subjekt hindurch*. Dreh- und Angelpunkt dieser Rettung war die Erfahrung: Alle Erkenntnis beginnt bei der Erfahrung und endet bei ihr. Erfahrung ist die Voraussetzung für Wahrheit; sie ist das Kriterium, mit dem sich erschließen lässt, was gerechtfertigterweise für möglich, wirklich und notwendig gehalten werden kann. So gab die aufklärerische Kritik der Grundlagen wahrer Erkenntnis die Instrumente zur Widerlegung der voraufklärerischen wissenschaftlichen Märchen in die Hand, die allesamt einte, dass sie mit »wenig Bauzeug der Erfahrung«, dafür umso mehr »erschlichenen Begriffen« zurechtgezimmert waren.[224] Zugleich sicherte sie das Fundament, auf dem alle weiteren Betrachtungen aufbauen können. Dabei galt die Regel: Begriffe ohne Erfahrung sind leer, Erfahrung ohne Begriffe ist blind.[225]

Nach Kants bereits zitierter Definition ist Aufklärung

> »der Ausgang des Menschen aus seiner selbstverschuldeten Unmündigkeit. Unmündigkeit ist das Unvermögen, sich seines Verstandes ohne Leitung eines anderen zu bedienen. Selbstverschuldet ist diese Unmündigkeit, wenn die Ursache derselben nicht am Mangel des Verstandes, sondern der Entschließung und des Mutes liegt, sich seiner ohne Leitung eines anderen zu bedienen.«[226]

Aufklärung heißt, die allgemeine »Maxime, jederzeit selbst zu denken«[227], konkret zu verwirklichen.

»Jederzeit selbst« denkt allerdings auch jener Verwandte auf InstaGoogleTweetFace beim Posten von »Informationen« über Bill Gates' Aktivitäten – zumindest denkt er das von sich selbst. Neben allerlei Dingen über Israels globale Machenschaften weiß der Salafist in der Fußgängerzone beim Koranverteilen, dass er den »Ausgang aus seiner selbstverschuldeten Unmündigkeit« gefunden hat – mit und dank Allah. Und dann ist da ja noch jener Nachbar, der bei der Begegnung am Hausbriefkasten zuerst von der erfolgreich hinter ihm liegenden Operation erzählt und dann ebenso ungefragt wie übergangslos davon, dass die Rothschilds bekanntlich Europa, die Rockefellers die USA und die restliche Welt die Juden beherrschen, die wiederum alle Illuminaten seien, er müsse das wissen, schließlich handele er ja auch selbst ein bisschen an der Börse. Danach befragt, woher sie das denn alles wissen und warum sie dieses Wissens so sicher sind, berufen sie alle sich auf das *Aufgeklärtsein*, verweisen auf Tatsachen (»Fakten«), die man sofort sehen könne, wenn man nur einmal anfange, seinen *Verstand* zu verwenden, endlich *selber zu denken* und *mündig* zu werden statt, blind wie »Schlafschafe«[228], das zu glauben, was von »den Mainstream-Medien«[229] als Realität vorgegaukelt werde.

Das allem Verschwörungsdenken hinterliegende Projekt, sein Impetus, ist die *Aufklärung* über unerhörte Verhältnisse. Und oberste Maxime des Verschwörungsdenkers ist die uraufklärerische »Maxime, jederzeit selbst zu denken«. Kants kritische Philosophie setzte den Dreh- und Angelpunkt der Rettung der Objektivität in der Erfahrung, bei der alle wahre Erkenntnis beginnt und endet – auf Tatsachen der Erfahrung aber berufen sich auch Verschwörungsdenker in ihrer Bestimmung dessen, was für möglich, wirklich und notwendig gehalten werden kann. Kants Epistemologie rettete die Objektivität durch das Subjekt hindurch – das stets als Aufklärung auftretende Verschwörungsdenken bietet die triumphale Wiederkehr des von »multinationalen Konzernen«, Juden, Kinderbluttrinkerkabalen und/oder allen zugleich be- und verdrängten armen Subjekts, das endlich selbst denke und sich so endlich über seine wirklichen Verhältnisse aussprechen könne.

Das alles mag abwegig wirken und absurd sein. Das ändert aber nichts an der Selbstwahrnehmung von Verschwörungsdenkern als Aufklärern. Und tatsächlich sind die sich bei diesem »selbständigen Denken« verfertigenden Verschwörungstheorien oft weit weniger wirr als das so gerne behauptet wird. Im Gegenteil sind sie »zum Teil [...] sogar hochgradig schlüssig und erfüllen viele der wissenschaftlichen Kriterien in vorbildlicher Weise«.[230]

Das war bereits bei dem Mystiker Emanuel Swedenborg so. Swedenborg sah den Zusammenhang der Menschenwelt mit dem Geisterreich durch Visionen offenbart und errichtete auf dieser Basis ein ganzes System einer neuen Religionslehre. Eine »neue Offenbarung«, die »Gesichte« zu »Erfahrungen« proklamiert: Damit war er für Kant zweifellos ein »Kandidat des Hospitals«, ein »Erzphantast unter allen Phantasten«, und dessen in den 1750er Jahren publiziertes theologisches Hauptwerk *Arcana Cœlestia* (*Himmlische Geheimnisse*) »acht Quartbände voll Unsinn«.[231] Und doch beobachtete er eine hohe, an naturwissenschaftlichen Abhandlungen geschulte Konsistenz an Swedenborgs Theorien. Das Phänomen faszinierte Kant so sehr, dass er ihrer Widerlegung ein ganzes Buch widmete, die *Träume eines Geistersehers, erläutert durch Träume der Metaphysik* von 1766, in dem man den Beginn der sich dann als Epistemologie ausformulierenden kritischen Philosophie ausmachen kann.[232] In der Schrift *Versuch über die Krankheiten des Kopfes* von 1764, Kants erster öffentlicher Reaktion auf Swedenborg, schreibt er:

> »Der *Wahnsinnige* [d.h. hier: der Paranoide, der Richtiges wahrnimmt, aber daraus falsch urteilt] siehet oder erinnert sich der Gegenstände so richtig wie jeder Gesunde, nur er deutet gemeiniglich das Betragen anderer Menschen durch einen ungereimten Wahn auf sich aus und glaubet daraus wer weiß was vor bedenkliche Absichten lesen zu können, die jenen niemals in den Sinn kommen. Wenn man ihn hört, so sollte man glauben, die ganze Stadt beschäftige sich mit ihm. Die Marktleute, welche mit einander handeln und ihn etwas ansehen, schmieden Anschläge wider ihn, der Nachtwächter ruft ihn zum Possen, und kurz er siehet nichts als eine allgemeine Verschwörung wider sich.«[233]

Wichtig zu beachten ist hier, dass Kant diese »Krankheiten des Kopfes« nicht, wie die meisten seiner Zeitgenossen, als natürliche oder gar angeborene Krankheiten, sondern als *gesellschaftlich produzierte* Denkstörungen versteht.[234] Das diesen Denkstörungen zugrunde liegende Problem, die Verschränkung von Wahr und Falsch, das falsche Urteilen aus richtigen Beobachtungen bis hin zur unauflöslichen Amalgamierung von Vernunft und Wahnsinn, beschäftigte Kant bis ans Ende seines Lebens. In den Jahren 1796/97 verfasste er die *Anthropologie in pragmatischer Hinsicht*, die 1798 als letzte von ihm selbst herausgegebene Schrift erschien. Darin findet sich ein Abschnitt mit dem Titel »Von den Schwächen und Krankheiten der Seele in Ansehung ihres Erkenntnisvermögens«[235]; die meisten Passagen des *Anthropologie*-Textes sind mit den entsprechenden im *Versuch* nahezu deckungsgleich, weisen aber auch große Überarbeitungen auf[236]. Insgesamt ergeben sie einen Dialog Kants mit sich selbst, eine von Kant selbst geführte Diskussion seiner ab 1770 zum System ausgearbeiteten kritischen mit seiner vorkritischen Philosophie vor 1770. Die oben zitierte Passage führt Kant in seiner *Anthropologie* so aus:

> »Wahnsinn (dementia) ist diejenige Störung des Gemüts, da alles, was der Verrückte erzählt, zwar den formalen Gesetzen des Denkens zu der Möglichkeit einer Erfahrung gemäß ist, aber durch falsch dichtende Einbildungskraft selbstgemachte Vorstellungen für Wahrnehmungen gehalten werden. Von der Art sind diejenigen, welche allerwärts Feinde um sich zu haben glauben; die alle Mienen, Worte oder sonstige gleichgültige Handlungen andrer als auf sich abgezielet, und als Schlingen betrachten, die ihnen gelegt werden. – Diese sind in ihrem unglücklichen Wahn oft so scharfsinnig in Auslegung dessen, was andere unbefangen tun, um es als auf sich angelegt auszudeuten, daß, wenn die Data nur wahr wären, man ihrem Verstande alle Ehre müßte widerfahren lassen.«[237]

Und er fügt hinzu: »Ich habe nie gesehen, daß jemand von dieser Krankheit je geheilt worden ist (denn es ist eine besondere Anlage, mit Vernunft zu rasen).«[238]

Einer der wesentlichen Gründe für die Unheilbarkeit dieser »Anlage, mit Vernunft zu rasen«, liegt in ihrem besonderen Reiz. Der »Wahnsinnige« nämlich überspringt

> »die ganze Erfahrungsleiter und hascht nach Prinzipien, die des Probiersteins der Erfahrung ganz überhoben sein können, und wähnt das Unbegreifliche zu begreifen. – Die Erfindung der Quadratur des Zirkels, das Perpetuum mobile, die Enthüllung der übersinnlichen Kräfte der Natur, und die Begreifung des Geheimnisses der Dreieinigkeit sind in seiner Gewalt.«[239]

Was für eine Macht. Wer würde sie freiwillig aufgeben wollen? Sie erlaubt zu fliegen, wo alle anderen Fußgänger sein müssen.

13. Das Verschwörungsspektakel inszeniert die phantasmagorische Wiederkehr des aus dem Denken und der Geschichte ausgetriebenen Subjekts

Kreiste die Philosophie nach Kant[240] um die Bestimmung des Ortes des Subjekts und um die Frage, wie die Welt aus dem Subjekt und durch es zu denken sei, so war in der Entwicklung der Philosophie spätestens seit den 1960er Jahren eine Verabschiedung des Subjekts und seines Begriffs zu beobachten. Die »Zerstörung der Subjektivität« war, wie Luc Ferry und Alain Renaut in ihrem Buch *Antihumanistisches Denken* zeigen, der »Sammlungsruf der Philosophien der ›Sixties‹«.[241] Diese »Dekonstruktion der ›Metaphysik der Subjektivität‹«[242] war von Heidegger gefordert worden[243]; unter Überbietung Heideggers und Berufung auf Nietzsche, Marx und Freud wurde sie von Lyotard, Foucault, Lacan u.a. als vollzogen postuliert. Wo das Subjekt und seine Erfahrung als Sicherung des Wissens des Subjekts überhaupt waren, sollten nunmehr – in Verabsolutierung von Bestimmungen aus Lévi-Strauss' strukturaler Anthropologie – »*Struktur*«[244] und – in Verabsolutierung von Bestimmungen aus Saussures Linguistik – »*Sprache*« (bzw. ein »système de la langue«[245]) sein.[246]

Die wirkmächtige Subjektfunktion wurde auf Strukturen und Systeme übertragen. In der Geschichtsschreibung wurde die Ereignisgeschichte für obsolet erklärt, mit Althusser postulierte man »die Eliminierung der Kategorie des – transzendenten oder sonstigen – Subjekts« und die »Verflüchtigung des Subjektbegriffs« als den entscheidenden »Bruch« oder »Einschnitt« in der Wissenschaft[247] und schrieb fortan Strukturgeschichte. In der Soziologie lag der Fokus in Fortsetzung des radikalen Konstruktivismus nicht auf subjektiv bestimmten Handlungen, sondern auf intersubjektiver »*Kommunikation*«, nicht auf Subjekten, sondern auf »*Systemen*«.[248] Die Relation von Erkennendem und Erkenntnisgegenstand, Erkennen und Erkanntem war nun »nicht länger interessant, ebensowenig wie die des Menschen als autonom handelndes und erkennendes ›Subjekt‹ gegenüber der Welt«[249].

Diese Verabschiedung des Subjekts – im Falle des Poststrukturalismus dezidiert antiaufklärerisch, antihermeneutisch und antihumanistisch – war histrionisch herbeigeredet,[250] erzwungen. All diese Denkweisen und -figuren, deren Radikalität sich dem Gestus des totalen Bruchs mit der Tradition und dem Ruf nach ihrem restlosen Vergessen verdankt, haben die Frage nach dem aktiven Subjekt der sozialen Wechselwirkung, nach den sozialen Akteuren, ihrer Handlungsfähigkeit und ihren Wirkungspotentialen, damit auch nach ihrer ethischen Beurteilbarkeit in den Hintergrund gedrängt, als illegitim oder ideologisch gebrandmarkt und verleugnet. Was es in dieser Perspektive gab, waren »Strukturen«, »Sprache«, »Systeme«, »Diskurse«, »Rhizome« usw. – Akteure aber nirgends.

Das Verschwörungsdenken setzt den Akteur wieder auf die Tagesordnung. Es fragt nach den Handlungen in und den Handelnden hinter den angeblich selbstregulativen »Systemen« und »Strukturen«. Die Beschreibung dieser Welt hatte die alleinige Domäne von Heeren berufener Expertendenker sein sollen; deren Befugnis wird von Verschwörungsdenkern machtvoll zurückgewiesen. Das Verschwörungsdenken macht Akteure aus, die im Geheimen agieren und sich allen Forderungen entziehen, Verantwortung zu übernehmen, und bieten Modelle, nach denen dieses arkane Agieren der Akteure identifiziert und gedacht werden kann. Kurz: Das Verschwörungsdenken weiß Antworten. Und diese Antworten fallen immer scharfsinniger und in einem gewissen Sinne auch realitätsgerechter aus.

Das illustriert etwa der Fall von einem der erfolgreichsten unter den amerikanischen Verschwörungstheoretikern, dem InfoWars-Gründer Alex Jones, der das Sandy Hook-Schulmassaker von 2012 jahrelang als eine erfundene, von der US-Regierung inszenierte »›false flag‹ operation« bezeichnete.[251] 2022 ist Jones nach langen Gerichtsverhandlungen dazu verurteilt worden, fünfzehn Klägern – acht Familien von in diesem Massaker getöteten Kindern und einem Nothelfer – knapp eine Milliarde Dollar Entschädigung zu zahlen.[252] So weit, so gut – doch was die Presse als einen Erfolg im Kampf gegen Verschwörungstheorien feiert, wird mitnichten ihr Ende bedeuten, sondern nur deren inhaltliche und (medien- und justiz-)strategische Verfeinerung:

> »[T]he verdict against him is unlikely to put much of a dent in the phenomenon he represents: belligerent fabulists building profitable media empires with easily disprovable lies. [...] Other conspiracy theorists are less likely than Mr. Jones to end up in court, in part because they've learned from his mistakes. Instead of accusing the families of making it all up, they adopt a naive, ›just asking questions‹ posture while poking holes in the official narrative. When attacking a foe, they tiptoe right up to the line of defamation, being careful not to do anything that could get them sued or barred from social media. And when they lead harrassment campaigns, they pick their target wisely – often maligning public figures rather than private citizens, which gives them broader speech protections under the First Amendment. [...] To this new, more subtle generation of propagandists and reactionaries, Mr. Jones is an inspiration who ascended the profession's highest peaks. But he's also a cautionary tale – of what can happen when you cross too many lines, tell too many disprovable lies and refuse to back down.«[253]

Über genau dieselben Kanäle, über die er seine Verschwörungstheorien verbreitet hatte, rief Jones seine Fans sofort nach Urteilsverkündung zur Hilfe in Form von Spenden auf – ein Aufruf, dem diese auch zahlreich nachkamen. Womöglich verhalf diese Wendung des Staates gegen Jones diesem zu noch mehr *street credibility*, Aufmerksamkeit und damit Erfolg. Das Spektakelkarussell dreht sich weiter.

Der Inhalt der Antworten, die Verschwörungstheorien präsentieren, scheint überhaupt bestenfalls im Hintergrund zu stehen. Wie Jones' Sandy Hook-Verschwörungstheorie sind so ziemlich alle diese Antworten, so komplex und umfassend sie auch wuchern mögen, mit minimalem Aufwand bereits in ihren Prämissen als frei erfunden zu widerlegen. Solche Widerlegungen aber schaffen sie nicht aus der Welt. »Viel Feind, viel Ehr«: Im Bereich des Verschwörungsdenkens eine goldene Regel. Eine weitere ist die, dass Verschwörungstheorien als je wahrer aufgefasst werden, desto zahlreicher die Versuche ihrer Widerlegungen sind.

Nichts falscher als der Glaube, Verschwörungsdenker durch Widerlegungen der Theorien, denen sie anhängen, überzeugen zu können. Nicht Widerlegungen bringen den Tod des Verschwörungsdenkens – sondern mangelnde Aufmerksamkeit und ausbleibende Resonanz, welcher Art diese auch immer sein mag. Was zählt, ist die *Form* der verschwörungsdenkerischen Antworten, die weniger informieren als orientieren, weniger Wirkliches vermitteln als unterhalten können muss.

Das zeigt schlagend, dass es nicht um konkrete Antworten auf konkrete Fragen geht. Hier nämlich wäre das Abwägen von Tatsachen entscheidend. Worum es geht, das ist die Befriedigung von *Bedürfnissen*. Und diese Bedürfnisse vermag das Verschwörungsspektakel mit seinen spannenden Geschichten voller Schurken und Helden, die auf einmal alle ein Gesicht und eine Adresse haben, allemal besser zu befriedigen als müde Erklärungen unter zeigefingriger Berufung auf »die Fakten« – die so unbezweifelbar, wie das immer behauptet wird, überdies nur sehr selten sind.

14. Der Mythos ist der schlechte Witz, der die historische Welt in eine heitere Grabesruhe zwingt

Bei allen »Erklärungen« des Verschwörungsdenkens handelt es sich um »diffuse Anspielungen, die entsprechende Ressentiments ansprechen sollen«.[254] Sie gehen *von* Fakten aus – lehnen sich an sie an und belegen die Erzählung mit Verweis auf sie –, gehen aber nicht *auf* Fakten. Sie haben Argument*struktur*, ein Argument aber enthalten sie nicht. Sie geben propositionales Wissen vor, sind aber höchstens Abhub eines solchen – bloße Geschmacksrichtung. Sie entstehen aus Ressentiment und Paranoia, verstärken vorhandene Ängste und produzieren neue.

Tatsächlich ist der Komplex »jüdisch-freimaurerische Weltherrschaft« also nicht nur eine individuelle Wahnidee, sondern ein allgemein geteilter »Mythos«.[255] Dessen Anhänger *glauben*; einer rationalen, konsistenten Erklärung bedürfen die Behauptungen, aus denen er besteht, nicht.[256] Eine Widerlegung ist unmöglich, wesentlich aufgrund der Zirkelstruktur der entsprechenden Argumentationen: Jeder Beweis gegen den Mythos kann zugleich als Beweis für ihn genommen werden, und umgekehrt.

Diese Möglichkeit liegt in der Struktur des Mythos überhaupt begründet. »Der Mythos«, schreibt Roland Barthes, »verbirgt nichts und stellt nichts zur Schau; er deformiert. Der Mythos lügt nicht und gesteht nichts; er verbiegt.«[257] Alle Bemühungen, den Mythos aufzudecken, müssen darum ins Leere laufen. Sie verkennen grundsätzlich das eigentliche Prinzip des Mythos, das in einer Naturalisierung besteht, darin, Geschichte in Natur zu verwandeln.[258] Dieser Entzug von Geschichte, die vollständige Verflüchtigung der Geschichte aus dem Mythos, macht ihn mitsamt aller Gegenstände, die die mythische Rede umfasst, zum idealen Konsumgut:

> »Er gleicht einer idealen Hausbediensteten: Sie bereitet zu, bringt herbei, legt bereit, und wenn der Herr kommt, verschwindet sie lautlos. Man braucht nur noch zu genießen, ohne sich zu fragen, woher dieses schöne Objekt kommt. Oder vielmehr: Es kann eigentlich nur schon immer dagewesen sein […]. Nichts ist erzeugt, nichts ist ausgewählt. Man braucht

> diese neuen Objekte, an denen jede schmutzige Spur ihrer Entstehung oder Auswahl abgewischt ist, nur noch in Besitz zu nehmen.«[259]

Der Mythos beruht somit gerade nicht, wie meistens angenommen wird, auf mangelhafter Information, die sich zum Irrtum ausbreitet; genau umgekehrt ist der Mythos »eine *exzessiv* begründete Rede«[260]. Zu seiner Entstehung bedarf er überhaupt keiner Begründungen, schon gar nicht rationaler. Sein Zauber besteht darin, seine Begründungen selbst zu setzen: Der Mythos begründet sich selbst. Darum ist er zugleich »unübertrefflich und unbestreitbar. Zeit und Wissen können ihm weder etwas geben noch nehmen«.[261]

Jeder Sinn wird in ihm so »zur sprechenden Leiche«[262] und er selbst, wesentlich durch dieses parasitäre Aufhocken auf Sinn, Tatsache, Wahrheit, zur »Ultra-Bedeutung«[263], die harmlos, weil natürlich und damit selbstverständlich, und unpolitisch, weil sie jeder Geschichte entleert, unhistorisch und damit ewig ist. »Der Mythos leugnet nicht die Dinge; seine Funktion ist es vielmehr, davon zu sprechen; er reinigt sie einfach, gibt ihnen ihre Unschuld zurück, gründet sie in Natur und ewiger Dauer, gibt ihnen die Klarheit nicht einer Erklärung, sondern einer Feststellung.«[264]

Mit dieser Ökonomie funktioniert der Mythos ähnlich wie der Witz. Die Ökonomie des Witzes liegt, nach Freuds Bestimmungen, in der sprachlichen und psychischen Aufwandsersparnis, die der Witz dem Witzhörer in seiner jeweils eigenen Form schenkt. Und zwar als »die sozialste aller auf Lustgewinn zielenden seelischen Leistungen«[265], wie Freud schreibt, denn der Witz ist an die Bedingung der Verständlichkeit gebunden und auf mindestens zwei Personen angewiesen, um seine Aufgabe – die Neu- oder Wiedererschließung verborgener Lustquellen sowohl für den Witz-Erzähler als auch für den Witz-Zuhörer – erfüllen und seine Wirkungen entfalten zu können. Zudem ist der Witz durch den »Primat der Form«[266] gekennzeichnet: Ein Witz wird erst durch seine Form zu einem Witz; nichts ist unkomischer als die Nacherzählung eines Witzes oder das Erklären seiner Pointe. Der Witz ist »ein entwickeltes Spiel«[267], nämlich ein Spiel mit der Form, die den Inhalt nicht nur verhüllt, sondern überhaupt erst *hervor-*

bringt. Entsprechend erklärt Freud die komischen Wirkungen des Witzes mit den verschiedenen Techniken des Witzes, nämlich der *Verdichtung/Verkürzung* (wie z.B. in dem Sprachwitz: famillionär = familiär + Millionär), Verschiebung (z.B. von einem wichtigen auf ein unwichtiges Element), *indirekter Darstellung* (z.B. Anspielung), der *Darstellung durchs Gegenteil* (Widersinn), *Symbolisierung* und *Verschmelzung* (Herstellung eines ungeahnten Zusammenhanges, Doppelsinn wie in dem Kürzestwitz »*Treffen* sich zwei Jäger im Wald«) etc.

Alle diese »Hilfstechniken« des Witzes, so Freuds Beobachtung, haben letztlich nur einen Zweck, nämlich »die Mehrbesetzung der Aufmerksamkeit von dem psychischen Vorgang beim Anhören des Witzes fernzuhalten«.[268] Der Sinn des Witzes liegt also nicht in dem, was er erzählt, sondern darin, *wie* er es erzählt; genauer: in seiner sprachökonomischen und seiner denkökonomischen Funktion, in der vom Witz in Gang gesetzten »Affektdynamik«[269]. Die Lust am Spiel mit den Worten wirkt als Vorlust, die den Hörer dazu einlädt, der Lust an stärker verdrängten, etwa aggressiven oder sexuellen Regungen nachzugehen, die das Wortspiel zugleich ent- und verhüllt. Der Hörer ist von der Technik des Witzes eingenommen und richtet seine Aufmerksamkeit auf dessen vielfältig gebildete Form. So wird er überrumpelt: Durch die Ablenkung seiner Aufmerksamkeit können die verbotenen Inhalte an seiner Ich-Zensur vorbeigeschleust werden. Der Hörer wiederholt also die Witzarbeit (in der ein vorbewusster Gedanke für einen Moment der unbewussten Bearbeitung überlassen und deren Ergebnis von der bewussten Wahrnehmung erfasst wird), muss beim Reproduzieren der Vorstellungen und Gedankenverbindungen des Witzes jedoch nicht denselben Energieaufwand aufbringen, wie er beim Hervorbringen des Witzes nötig gewesen war. Indem der Hörer das Spiel nachspielt, das der Witz ihm vorspielt, erfasst er das »heiße« Sinnzentrum des Witzes, ohne den Weg dahin in seiner ganzen Länge begehen zu müssen. So spart er Energie, die jeweils für die Verdrängung und Unterdrückung von verbotenen Regungen aus dem Unbewussten, für das Nachvollziehen von komplexen Vorstellungs- und Gedankenverläufen[270] und für die Vermeidung von peinlichen Gefühlen hätte aufgebracht werden müssen. Die

»Ersparung« von psychischem Aufwand hat dabei in Freuds Bestimmung drei Momente: Die Lust des Witzes führt Freud auf »ersparten Hemmungsaufwand« zurück, die der Komik auf »ersparten Vorstellungs(Besetzungs)aufwand« und die des Humors auf »ersparten Gefühlsaufwand«.[271] Die eingesparte überschüssige Energie kann dann durch Lachen abgeführt werden. Das Lachen steckt den Witzerzähler wiederum an, denn er sieht den Energieaufwand bei der Witzproduktion ratifiziert: Das »Lachen des Anderen gibt dann das Zeichen der sozialen Anerkennung, liefert gleichsam die Gewähr dafür, daß dieser Lustgewinn nicht verabscheuenswert ist und legitim erscheint«, schreibt Theodor Reik, Freud ergänzend: »Das Ich, von Schuldgefühlen für Augenblicke befreit, fühlt sich wieder mit sich selbst einig; eines Stückes sozialer Angst ledig, kann es jetzt in das Lachen der Anderen einstimmen.«[272]

Auch der Mythos bietet eine entwickelte, ökonomische Form an, komplexe, vielschichtige Dinge und einander widersprechende Sachverhalte widerspruchsfrei, in *Evidenz* zu denken. Wie der Witz in Freuds Bestimmung ist auch der Mythos ein entwickeltes soziales Spiel mit Bedeutungen, dessen Bildung wie auch Rezeptionsvorgang eine Affektdynamik zugrunde liegt. Wie der Witz greift auch der Mythos auf Techniken wie die Verdichtung und Verkürzung, Verschiebung, indirekte Darstellung (z.B. Anspielung), Darstellung durchs Gegenteil (Widersinn), Symbolisierung und Verschmelzung (Herstellung eines ungeahnten Zusammenhanges, Doppelsinn) zurück, um intellektuelle Aufwandsersparnis bieten zu können und seine Wirkung zu entfalten. Das, was der Mythos verdichtet, verkürzt, verschiebt, symbolisiert etc., ist die Wirklichkeit, das konkrete menschliche Handeln, die geschichtliche Gewordenheit aller Tatsachen. Der Mythos gründet auf der vollständigen Verflüchtigung der Geschichte und bewirkt sie zugleich. Er ist die »Camera obscura«, der die Dinge auf den Kopf stellt und in Ideologie verkehrt,[273] indem er die konkrete Geschichte zu einer »gänzlichen Abstraktion«[274] umarbeitet. Der Mythos ist der schlechte Witz, der die in Aufruhr befindliche, an sich unverständliche historische Welt in eine heitere Grabesruhe zwingt:

> »Mit dem Übergang von der Geschichte zur Natur nimmt der Mythos eine Einsparung vor: Er beseitigt die Komplexität der menschlichen Handlungen, verleiht ihnen die Einfachheit der Wesenheiten, unterdrückt jede Dialektik, jeden Rückgang hinter das unmittelbar Sichtbare; er organisiert eine Welt ohne Widersprüche, weil ohne Tiefe, ausgebreitet in der Evidenz; er legt den Grund für eine glückliche Klarheit. Die Dinge tun so, als bedeuteten sie von ganz allein.«[275]

Ein Gedanke, eine Theorie muss sich an der Wirklichkeit bewähren und gemäß sich veränderndem Tatsachen- und Kenntnisstand modifiziert oder ganz verworfen werden. Am Mythos hingegen muss sich umgekehrt die Wirklichkeit bewähren, sie ist ihm untertan und hat ihm zu dienen.

Erkenntnis ist, in Hegels Bestimmung, der »Weg der Verzweiflung«,[276] in dem das Bewusstsein unterschiedliche Gestalten annehmen muss, deren Unzulänglichkeit es sukzessive einsehen muss, damit es zu einer anderen Gestalt gelangen und sich schließlich mit seinem Objekt zusammenschließen kann. Im Mythos hingegen muss man nicht denken, nichts einsehen und nichts modifizieren oder verwerfen. Es genügt, in ihn eingeweiht zu sein und so, als Eingeweihter, stets im Geiste des Mythos, zu assoziieren, beizuordnen, unterzuordnen.

Der Mythos ist eine Anleitung dazu, genau die Bewegung der Deformation zu vollziehen, die der Mythos selbst an den Gegenständen, denen er aufhockt, durch den Entzug ihrer Geschichte an ihnen vollzogen hat, und dies in genau derselben Weise, die ad libitum und ad infinitum wiederholt werden kann.

Im Fest der großen Bedeutung, das der Mythos stiftet, ist der Sinn so absolut entleert und genau deswegen absolut verfügbar, in Überfülle vorhanden. In dieser heiteren Grabesruhe muss nicht gedacht werden, weil »es« denkt, und muss nicht gesprochen werden, weil immer schon alles für sich spricht.

15. Ich sehe was, was du nicht siehst

In einer Reihe empirischer Studien haben die Wirtschaftswissenschaftler Jennifer A. Whitson und Adam D. Galinsky gezeigt, dass Menschen, die eine Situation nicht unter Kontrolle haben – gleich, ob gefühlt oder tatsächlich –, dazu tendieren, Muster, Verbindungen und Beziehungen zu sehen – und zwar auch dort, wo es gar keine gibt.[277]

Schon zuvor war empirisch bestätigt worden, dass aktuelle Bedürfnisse Wahrnehmungsprozesse nicht nur beeinflussen, sondern auch verzerren können: So überschätzten Kinder aus einkommensschwachen Haushalten im Vergleich mit Kindern aus wohlhabendem Elternhaus die Größe von Münzen, hungrige Menschen neigten eher dazu, Lebensmittel in mehrdeutigen Bildern auszumachen. Klar war also bereits, dass spezifische Bedürfnisse die Wahrnehmung von Reizen verändern, die für diese Bedürfnisse unmittelbar relevant sind.[278]

Whitsons und Galinskys Studien zeigten darüber hinaus, dass Menschen, die nicht objektiv in der Lage sind, ein Gefühl der Kontrolle zu erlangen, diese Kontrolle subjektiv, nämlich über die Wahrnehmung zu erlangen versuchen. In sechs kognitionspsychologischen Experimenten wurde mit verschiedenen Methoden getestet, ob fehlende Kontrolle die Wahrnehmung illusorischer Muster – die Identifizierung eines kohärenten und sinnvollen Zusammenhangs zwischen einer Reihe zufälliger oder unzusammenhängender Reize – erhöht. Das Experiment offenbarte, dass diejenigen Studienteilnehmer, denen suggeriert worden war, es fehle ihnen an Kontrolle, mit größerer Wahrscheinlichkeit eine Vielzahl von illusorischen Mustern wahrnahmen: Sie sahen Gestalten in Bildrauschen, stellten unmögliche Korrelationen in Börseninformationen her, entwickelten Aberglauben und machten Verschwörungen aus. Fazit: Das psychische Bedürfnis nach Kontrolle war bei diesen Teilnehmern so stark, dass ihr Gehirn lieber eine eingebildete Struktur schaffte, als die Ordnungslosigkeit auszuhalten und sich mit ihr abzufinden.

Die Bestätigung dieser Ergebnisse fand sich in ihrer Gegenprobe: Der kausale Zusammenhang zwischen mangelnder Kontrolle und phantasierter

Musterwahrnehmung verringerte sich durch die Bestätigung und entsprechende Kräftigung des Selbst.[279]

Widerlegungen von ordnungsverleihenden Annahmen aber destabilisieren, sie rauben Halt, wo es umgekehrt gerade darum geht, überhaupt irgendeinen Halt zu finden, Kontrollverlust einzudämmen und das Gefühl der Hilflosigkeit zu verringern. Die Ansätze der »Aufklärung« verschwörungsdenkerischer »Aufklärer« verkennen, dass Verschwörungsdenken Halt verleiht und die Möglichkeit von Kontrolle eröffnet, wo es keinen Halt und keine Kontrolle gibt. Manchmal können »die offensichtlichsten Erklärungen vieler besorgniserregender Dinge uns nicht befriedigen, und das nicht selten, weil es uns wehtut, sie zu akzeptieren«.[280]

Während der historische Ursprung des modernen Verschwörungsdenkens im Aufkommen der Aufklärung ausgemacht werden kann, ist es wesentlich weniger einfach, seinen jeweiligen *psychologischen* Ursprung auszumachen und dessen jeweilige Funktion zu bestimmen. Das hängt auch damit zusammen, dass in gewissem Sinn »alles Wahrnehmen Projizieren« ist, wie Horkheimer und Adorno im Anschluss an Freud in ihrer *Dialektik der Aufklärung* schreiben.[281] Das heißt: Bis zu einem gewissen Grad ist im Wahrnehmen immer etwas von uns beigemischt; kein Denken ohne subjektive Eindrücke, Vorannahmen und Vorurteile.

> »Zwischen dem wahrhaften Gegenstand und dem unbezweifelbaren Sinnesdatum, zwischen innen und außen, klafft ein Abgrund, den das Subjekt, auf eigene Gefahr, überbrücken muß. Um das Ding zu spiegeln, wie es ist, muß das Subjekt ihm mehr zurückgeben, als es von ihm erhält. Das Subjekt schafft die Welt außer ihm noch einmal aus den Spuren, die sie in seinen Sinnen zurückläßt: die Einheit des Dinges in seinen mannigfaltigen Eigenschaften und Zuständen; und es konstituiert damit rückwirkend das Ich, indem es nicht bloß den äußeren sondern auch den von diesen sich allmählich sondernden inneren Eindrücken synthetische Einheit zu verleihen lernt. Das identische Ich ist das späteste konstante Projektionsprodukt.«[282]

Eine vollendete Trennung zwischen Rationalität und Irrationalität also gibt es nicht; sie ist eine Illusion, die das Denken *in seinem Vollzug* von sich selbst erzeugt. Rationales Denken und irrationale Elemente bleiben bis zu einem gewissen Grad immer ineinander verflochten, und in diesem Sinne ist »die Paranoia [...] der Schatten der Erkenntnis«.[283] Echtes Reflektieren ist »bewußte Projektion«[284], die durch »Fähigkeit zur Differenz«[285] gekennzeichnet ist, das heißt, diese Form der Projektion vermag die Unterscheidung zwischen Subjekt und Objekt zu vollziehen: Das reflektierende Subjekt hat die Außenwelt im eigenen Bewusstsein und erkennt sie doch als etwas anderes, außerhalb seiner Liegendes.[286]

»Das wirklich Verrückte« liegt dabei »erst im Unverrückbaren«[287]. Paranoia lässt sich bestimmen als »willkürliche Besetzung der Außenwelt mit Sinn, die der einzelgängerische Paranoiker nach privatem [...] und eben deshalb erst als eigentlich verrückt erscheinendem Schema zuwege bringt«.[288] Statt Elemente der Umwelt im Gedanken aufzunehmen und abzubilden, gleicht paranoisches Denken die Umwelt sich an[289]: »Grenzenlos belehnt es die Außenwelt mit dem, was in ihm ist.«[290] Der Paranoiker ist unfähig, seine Projektionen zu verfeinern und zu hemmen, eigene und fremde Gedanken und Gefühle voneinander zu sondern, sie abzuwägen und sich von ihnen zu distanzieren, kurz: zwischen Innen und Außen zu unterscheiden.[291]

Verschwörungsdenkerischer Beziehungswahn ist, psychologisch betrachtet, (trieb-)ökonomisch motiviert und determiniert. Inhaltlich aber ist er beliebig. So zieht er eine potentiell unendliche Reihe von Belegen heran,[292] gibt aber nie eine Begründung. Ganz so, wie die Probanden der Whitson-Galinsky-Studien Gestalten im Bildrauschen ausmachten, kann auch jede Organisation, Institution, politische Interessenvertretung, soziale Gruppe für »Freimaurerei« (oder »jüdisch« oder »amerikanisch« oder ...) gehalten und dann auch so bezeichnet werden, und jede beliebige Gruppierung kann als international, mächtig, reich und im Geheimen operierend angesehen werden[293] – ganz egal, ob das real ganz oder teilweise auf sie zutrifft oder aber völlig imaginär ist.

16. Verschwörungsdenken ist die Sisyphosarbeit, die die Welt, die Kopf zu stehen scheint, auf die Füße stellt, indem sie die Welt auf den Kopf stellt

Kein Wunder, dass die Frage, wie man auf Verschwörungsdenken reagieren, was man überhaupt gegen es tun könne, wenn es sich doch nicht widerlegen lässt, immer häufiger gestellt wird.[294] Kein Wunder auch, dass die Antworten auf diese Frage fast ausnahmslos hilflos ausfallen. Bei den vielberufenen Experten paart sich diese Hilflosigkeit oft mit Betulichkeit, wie im folgenden, recht willkürlich ausgewählten Beispiel:

> »Stellt sich heraus, dass mein Freund die Meinung bei einem YouTuber gehört hat, dann kann man anbieten, Quellen zu recherchieren und gemeinsam gucken, ob und wo man diese Meinung noch findet. Wenn man sich gemeinsam auf eine konstruktive Wahrheitssuche begibt, sollten sich diese Meinungsverschiedenheiten beilegen lassen. Man kennt das aus politischen Diskussionen am Esstisch. Da ist kein großer Unterschied. Manchmal hilft auch nichts anderes als Themen zu vermeiden. Leider kommt es vor, dass sich Freunde und Familien weltanschaulich entfremden und kein Gespräch, ohne Streit, mehr möglich ist. […] Wichtig ist es, Freunde und Familienmitglieder einzufangen, *bevor* sie in toxische Gemeinschaften abrutschen.[295]

Scheitert das »aufklärende« Gespräch, soll man es vermeiden, besser noch irgendwie dafür sorgen, dass das Gespräch gar nicht erst geführt werden muss? Bleibt die Frage, wie man einen Pelz wäscht, ohne ihn nass zu machen.

Richtig an dieser Resignation ist immerhin, dass der bloße Verweis auf »die Tatsachen«, »die Fakten«, »die Wirklichkeit« hier tatsächlich zu nichts führt. Und dass das so ist, liegt nicht allein an der Abgedichtetheit des Verschwörungsdenkens und der Resistenz von Verschwörungsdenkern, sondern auch an der Verfasstheit von Denken und Erfahrung heute überhaupt. Die Trennung von Verschwörungsdenkern von jenen, die sie über die Verrücktheit ihres Verschwörungsdenkens aufklären wollen, ist sehr viel weniger strikt, als diese so gerne glauben. »Es gibt keinen glatten Bruch zwischen Stereotypie und Erfahrung«, schreibt Adorno in der Auswertung der Ergebnisse der *Studien zum autoritären Charakter* im Zusammenhang des Nachdenkens über den funktionalen Charakter von Vorurteilsphänomenen:

> »Stereotypie ist ein Kunstgriff, sich die Dinge bequem zurechtzulegen; da diese Tendenz aber aus verborgenen, unbewußten Quellen gespeist wird, können die Verzerrungen, die sie zur Folge hat, nicht einfach durch einen Blick in die Wirklichkeit korrigiert werden. Vielmehr ist die Erfahrung selbst durch Stereotypie vorgeprägt.«[296]

Da die selbstberufenen Verschwörungstheorieexperten das Verschwörungsdenken nicht ernst nehmen, müssen sie es in seinem Wesen verkennen. Verschwörungserzählungen funktionieren nur, weil ihrer narrativen Ökonomie eine andere Ökonomie hinterliegt, eine psychische, die einer eigenen, in sich tatsächlich kohärenten Logik folgt, nämlich einer Logik von Bedürfnissen. Spätestens an dieser Stelle scheitern die allermeisten Erklärungsansätze des Phänomens Verschwörungen: Sie stellen sich lediglich von außen dagegen und diskreditieren als dumm, was im Gegenteil gerade ein Angebot an Scharfsinn ist, und als irre, was gerade den Punkt anzeigt, wo Rationalität an sich selbst irre wird. Bedürfnisse lassen sich eben weder aufklären noch widerlegen, nur benennen und beschreiben.

Diese Logik muss sich um herkömmliche Regeln der Logik nicht scheren. Der grundlegende Satz vom Widerspruch, nach dem nicht zugleich und in derselben Hinsicht A und Nicht-A gelten kann, ist hier außer Kraft gesetzt. Wenn aber A und Nicht-A zugleich gelten, ist aus dem daraus folgenden Schluss alles Beliebige ableitbar: »ex falso quodlibet«, heißt das in der klassischen Logik. Und bei Pippi Langstrumpf: »Zwei mal drei macht vier, / widewidewitt und drei macht neune, / ich mach mir die Welt, / widewide wie sie mir gefällt«.

Eine der wesentlichen Besonderheiten jener besonderen Logik, die allen Verschwörungserzählungen in der einen oder anderen Weise eignet, liegt darin, völlig Disparates und offensichtliche Widersprüche so zu integrieren, dass das Ganze kohärent erscheint. Ein Konglomerat beliebig zusammengewürfelter Fakten und Fiktionen wird zu einer in sich durchartikulierten Sage gestaltet, einem großen Gerücht, das man niemals widerlegen kann, weil man es nicht denken kann, sondern glauben muss.

In einem Gerücht geht es nicht um das darin Ausgesagte, weil es gar nichts aussagt, sondern immer nur andeutet. Das Gerücht lebt vom unhinterfragten Anschluss an es. Zweck und Ziel ist die Schaffung einer bestimmten Atmosphäre, eines bestimmten Klimas, in dem sich die Koordinaten der – sozialen – Realität auf begrifflich nur schwer nachvollziehbare, aber sofort *spürbare* Weise verschieben. Das Gerücht spannt so einen Raum auf, in dem Positionen eingenommen und gesichert werden; es bietet, mit anderen Worten, Verortung und Halt.

Argumentativ entfaltet sich das Verschwörungssupergerücht wie die Tat einer verborgenen Hand:

> »An invisible-hand explanation explains what looks to be the product of someone's intentional design, as not being brought about by anyone's intentions. We might call the *opposite* sort of explanation a ›hidden-hand explanation‹. A hidden-hand explanation explains what looks to be merely a disconnected set of facts that (certainly) is not the product of intentional design, as the product of an individual's or group's intentional design(s). Some persons also find such explanations satisfying, as is evidenced by the popularity of conspiracy theories. Someone might so prize each type of explanation, invisible hand and hidden hand, that he might attempt the Sisyphean task of explaining each purported nondesigned or coincidental set of isolated facts as the product of intentional design, *and* each purported product of design as a nondesigned set of facts!«[297]

Die Aufklärung formulierte Kriterien, nach denen wahre Begriffe gebildet, Behauptungen geprüft werden können und Wissen für gesichert gelten kann. Die gleichen Kriterien nehmen aber auch Verschwörungsdenker für sich in Anspruch, vertreten sie mit demselben Impetus und derselben Überzeugung. Die Berufung auf »Fakten«, die Verschwörungstheoretikern gerne als Allzweckmittel und Remedium entgegengehalten werden, ist deswegen so wirkungslos, weil auch die Gerüchte der Verschwörungsdenker erklärtermaßen auf »Fakten« beruhen. Sie bieten Halt und geben Antworten – Antworten, in denen Hochabstraktes als konkret behauptet wird und Konkretes als in Wirklichkeit hochabstrakt. Dabei ist es ganz egal, wie kompliziert der Gang der Argumentation ausfallen mag, um höchst Unwahrscheinliches als real zu »beweisen«; keine Mühe, die egal wie abwegige Argumentation zu belegen, scheint zu groß.

> »In jenem Abgrund der Ungewißheit, den jeder objektivierende Akt überbrücken muß, nistet sich die Paranoia ein. Weil es kein absolut zwingendes Argument gegen materialfalsche Urteile gibt, läßt die verzerrte Wahrnehmung, in der sie geistern, sich nicht heilen. Jede Wahrnehmung enthält bewußtlos begriffliche, wie jedes Urteil unaufgehellt phänomenalistische Elemente. Weil also zur Wahrheit Einbildungskrft gehört, kann es dem an dieser Beschädigten stets vorkommen, als ob die Wahrheit phantastisch und seine Illusion die Wahrheit sei.«[298]

Verschwörungsdenken stellt die Welt, die Kopf zu stehen scheint, auf die Füße, indem es die Welt auf den Kopf stellt. Es vollbringt die Sisyphosarbeit, isolierte Tatsachen miteinander in Beziehung zu setzen und zusammengehörige Tatsachen voneinander zu isolieren, Zufälliges als Produkt absichtlicher Planung zu erklären und Geplantes als Zufall.

17. Im Verschwörungsdenken sind Antimasonismus und Antisemitismus zu einem Amalgam verschmolzen

Mit den Attributen »international«, »mächtig«, »reich«, im Geheimen operierend werden spätestens seit den *Protokollen der Weisen von Zion* unweigerlich Juden assoziiert.[299] Erstmals um 1894 aufgetaucht, dann 1903 im Russischen Kaiserreich erschienen, wurden die *Protokolle* bald als komplett fiktiv widerlegt.[300] Dennoch fand die darin ausgebreitete paranoide Verschwörungserzählung so weite Verbreitung, dass sie als »Bibel des modernen Antisemitismus«[301] gelten kann.

Für die nationalsozialistische Weltanschauung waren die *Protokolle* eine der wichtigsten Quellen zum Beleg der »jüdischen Weltverschwörung«, die zugleich eine freimaurerische sei. So schreibt Alfred Rosenberg, einer der führenden NS-Ideologen:

> »Hier sehen wir nun das internationale Judentum aus Instinkt und zugleich aus bewusster Überlegung sich in die Organisation der Freimaurerei einnisten. [...] Ihre ›Weltanschauung‹ unterhöhlte Jahr für Jahr die Grundlagen alles germanischen Wesens. Heute sehen wir die geschäftigen Vertreter der internationalen Börse und des Welthandels fast überall führend die Gegen›kirche‹ leiten.«[302]

Jene Weltanschauung unter Rückgriff auf die *Protokolle*, die antisemitisch-antimasonische Elemente unauflöslich mit- und ineinander verquickt, brachte etwa der General Erich Ludendorff – im Ersten Weltkrieg Chef des Generalstabs im Osten, später nationalsozialistischer Reichstagsabgeordneter und führend an völkischen Umsturzversuchen wie dem Kapp- und Hitler-Putsch beteiligt – pointiert in sieben Thesen gegen die Freimaurerei zum Ausdruck, von denen drei lauten:

»1. Das Geheimnis der Freimaurerei ist überall der Jude.
2. Es gibt nur eine Weltloge. […]
4. Das Ziel der Freimaurerei ist die Verjudung der Völker und die Errichtung der Juden- und Jehova-Herrschaft mit Hilfe aller Völker.«[303]

Bereits 1924 hatte der galizische Autor und Journalist Binjamin Segel sein Buch *Die Protokolle der Weisen von Zion kritisch beleuchtet. Eine Erledigung* veröffentlicht.[304] Zum Komplex Juden und Freimaurer schreibt Segel darin:

> »Die gröbste, dümmste und unverschämteste Lüge aber ist das Zusammenkoppeln der Zionisten mit den Freimaurern, wobei die Zionisten nicht nur mit der gesamten Judenheit idenitifiziert werden, sondern geradezu als deren berufenste Repräsentanten erscheinen, für deren Unternehmungen und Handlungen alle Juden insgesamt und jeder einzelne im besonderen mitverantwortlich sind. Da die Zionisten im Jahre 1897 eine seit kurzem aufgekommene Gruppe waren, die eine verschwindende Minderheit unter den Juden bildeten, und von der erdrückenden Mehrheit bekämpft und beargwöhnt wurden, konnte ja nur diese verschwindende Minderheit Beziehungen zu den Freimaurern haben und das erst seit wenigen Jahren. Nun hört und liest man fortwährend, daß ›die Juden‹, also wenigstens deren Großteil, mit den Freimaurern nicht nur seit Jahrzehnten oder gar seit Jahrhunderten, nicht nur eng verbunden seien, sondern alle Logen der Welt beherrschen und deren Politik beherrschen.«[305]

Segel schließt die Frage an: »Wie reimt sich das?«[306]

Nun, gar nicht eben. Es ist Unfug, frei herbeiphantasiert. Die Frage aber ist bei Segel keine rhetorische, und im Verlauf des Kapitels »Juden und Freimaurer«[307] gibt er sich alle Mühe, sie tatsächlich zu beantworten. Die Art, wie Segel im oben zitierten Kapiteleinstieg erklärt, dass die Behauptung, alle Juden seien Zionisten und diese wiederum Freimaurer, schon nach dem alleroberflächlichsten Blick auf die historische Datenlage nicht stimmen kann und eigentlich restlos widerlegt ist, wirkt geradezu rührend, und seine Frage, wie sich das dennoch reimen soll, angesichts einer solch offensichtlichen, unter Rückgriff auf rudimentärste Fakten so leicht zu widerlegenden Widersinnigkeit ehrlich verzweifelt. Und doch ist dies bis heute weitverbreitete Gewissheit: dass Juden die Freimaurerlogen beherrschen, alle Freimaurer also Juden sind und die jüdische Freimaurerei die Welt erobern will und/oder bereits beherrscht.

Segels Buch ist eine der ersten wissenschaftlichen Widerlegungen der *Protokolle der Weisen von Zion* und erbringt den Beweis, dass sie eine offensichtliche Fälschung sind. Wäre es um die Stichhaltigkeit der in den *Protokollen* vorgebrachten Argumente, der Daten- und Faktenlage und eine Überprüfung ihrer historischen Richtigkeit gegangen, hätte Segels Buch auch tatsächlich das letzte Buch dieser Art sein können[308] – eben eine »Erledigung«, wie er es im Untertitel genannt hat. Eine Überzeugung aber, die auf nachweisbar falschen Annahmen beruht, restlos widerlegbar ist und auch tatsächlich restlos widerlegt wurde, die aber dennoch aufrechterhalten und als die wirklich wahre Wahrheit über die Wirklichkeit behauptet wird, ist eine Wahnidee. Und eine Wahnidee widerlegen zu wollen grenzt selbst an Wahnsinn.

1936 erschien im Karlsbader Graphia-Verlag das Buch *Adolf Hitler. Schüler der »Weisen von Zion«.*[309] Mittels eines systematischen Vergleichs der *Protokolle der Weisen von Zion* mit Rosenbergs *Mythus des 20. Jahrhunderts* und Hitlers *Mein Kampf* zeigt der sozialdemokratische Journalist und Publizist Alexander Stein (Pseudonym für Alexander N. Rubinštejn, 1881–1948) darin, dass der Nationalsozialismus ein Versuch ist, exakt umzusetzen, was der NS aus den *Protokollen* über die wirklichen Motive und das Wesen der Juden »wusste«: Weltverschwörung mit dem Ziel der Welteroberung. En détail weist Stein nach, wie Rosenberg und Hitler bei der Ausrichtung ihrer Politik einer Empfehlung des deutschen Herausgebers der *Protokolle* Theodor Fritsch folgten, der gefordert hatte, deutsche Politiker sollten »bei den Generalspitzbuben aus dem Orient in die Lehre […] gehen«.[310] Ob sie das wissentlich und willentlich oder unbewusst taten, ist dabei ganz egal.

Die »jüdische Wesensart«[311] schlägt sich den *Protokollen* zufolge in Täuschung und Intrige in individuellen, wirtschaftlichen und staatlichen Beziehungen, Terror, Sabotage und Unterlaufen der bestehenden Systeme,

Zerstörung der Ordnung mit den eigenen Mitteln dieser Ordnung, Unterdrückung und Streben nach Weltherrschaft nieder. Genau das aber waren die Mittel der Nazis, genau das war die Strategie, nach der ihre Machtergreifung und ihr »Welt-Pogrom gegen Freiheit, Menschlichkeit und Kultur«[312] verlief. Steins Analyse verstand die *Protokolle* als eine Darlegung ihrer Wünsche und Strategien und wies so nach: Nicht die Juden sind es, die die Welteroberung vorbereiten, sondern es ist das Streben der Nazifaschisten, die ihre eigene Regung den Juden unterschieben; ihr Programm ist es, »das Weltmachtstreben des Nationalsozialismus als eine *Realität*«[313] umzusetzen. Die *Protokolle* dienen ihnen dabei als Lehrbuch und Handlungsanweisung zur Vernichtung der jüdischen »Gegenrasse«: »Wenn die Protokolle wahr sind, dann gibt es nur eine angemessene Strafe für das Judentum: massenhafte Ausrottung!«, wie der deutsche Herausgeber der *Protokolle* geschrieben hatte.[314] Vor dem Zweiten Weltkrieg und lange vor der Wannseekonferenz prognostizierte Stein so den »Ausrottungsfeldzug gegen die Juden«.

In seiner mehrstündigen Rede zur Feier des Jahrestags der nationalsozialistischen »Machtergreifung« 1933 sprach Hitler am 30. Januar 1939 eine »Prophezeiung« aus:

> »Ich bin in meinem Leben sehr oft Prophet gewesen und wurde meistens ausgelacht. In der Zeit meines Kampfes um die Macht war es in erster Linie das jüdische Volk, das nur mit Gelächter meine Prophezeiungen hinnahm, ich würde einmal in Deutschland die Führung des Staates und damit des ganzen Volkes übernehmen und dann unter vielen anderen auch das jüdische Problem zur Lösung bringen. Ich glaube, daß dieses damalige schallende Gelächter dem Judentum in Deutschland unterdes wohl schon in der Kehle erstickt ist. Ich will heute wieder ein Prophet sein: Wenn es dem internationalen Finanzjudentum in- und außerhalb Europas gelingen sollte, die Völker noch einmal in einen Weltkrieg zu stürzen, dann würde das Ergebnis nicht die Bolschewisierung der Erde und damit der Sieg des Judentums sein, sondern die Vernichtung der jüdischen Rasse in Europa.«[315]

Kurz darauf, am 1. September 1939, eröffneten die Deutschen mit dem Überfall auf Polen eine Reihe von Angriffskriegen in Europa, und spätestens Ende 1941, mit dem Eintritt der USA ins Kriegsgeschehen, war daraus ebender Weltkrieg geworden, den Hitler in seiner Rede vom 30. Januar 1939 »prophezeit« hatte. Am 12. Dezember 1941 – die »Endlösung der Judenfrage« war seit Juni 1941 beschlossen – berief Hitler ein Treffen der Reichs- und Gauleiter ein und begründete mit dem Hinweis auf seine »Prophezeiung« von 1939, warum er sich entschlossen habe, »bezüglich der Judenfrage [...] reinen Tisch zu machen«.[316] Goebbels hielt in seinem Tagebuch fest:

> »Er hat den Juden prophezeit, daß, wenn sie noch einmal einen Weltkrieg herbeiführen würden, sie dabei ihre Vernichtung erleben würden. Das ist keine Phrase gewesen. Der Weltkrieg ist da, die Vernichtung des Judentums muß die notwendige Folge sein. Diese Frage ist ohne jede Sentimentalität zu betrachten. [...] Wenn das deutsche Volk jetzt wieder im Ostfeldzug an die 160.000 Tote geopfert hat, so werden die Urheber dieses blutigen Konflikts dafür mit ihrem Leben bezahlen müssen.«[317]

Die Wahnidee der jüdischen Weltverschwörung, wie sie in den *Protokollen der Weisen von Zion* zu ihrer bisher einflussreichsten Ausformulierung gekommen war, wurde nun zu ihrem »logischen« Ende gebracht. Mit der Umsetzung dieser Wahnidee in der Realität aber wurden auch die Grundlagen der Vernunft überhaupt zerstört: Der industriell organisierte Massenmord an den europäischen Juden hat weder Grund noch Zweck, ist Vernichtung um der Vernichtung willen. Hier liegt der eigentliche »Zivilisationsbruch« von Auschwitz, wie Dan Diner in einem Interview ausgeführt hat:

> »Der von mir geprägte Begriff ›Zivilisationsbruch‹ will ja Allgemeineres zum Ausdruck bringen, nämlich, dass es hier um die Zerstörung der Grundlagen von Vernunft und auch von zweckrationalem Handeln gegangen ist. Das ist der Kerngedanke hinter dem, was man heute als Holocaust bezeichnet: Es wurde eine Tat vollzogen, die jenseits von Vernunft

> steht, und deren Kern die bloße Vernichtung war. Und die wiederum steht außerhalb aller möglichen Formen der Zurichtung von Menschen, auch der Sklaverei, ja auch der kolonialen Ausbeutung, die ja alle die negative Energie von Vernutzung in sich bergen. Das verstehe ich unter Zivilisationsbruch: Etwas, das vorher so noch nie stattgefunden hat, nämlich dieses Töten ohne Zweck, sodass es am Schluss eigentlich nur so etwas gab wie die Vernichtung um des Vernichtens willen.«[318]

Die von Binjamin Segel im Untertitel seines 1924 verfassten Buches *Die Protokolle der Weisen von Zion kritisch beleuchtet* versprochene »Erledigung« der *Protokolle* als Fälschung musste scheitern, weil man eine Wahnidee nicht rational erklären, geschweige denn widerlegen kann. Alexander Steins Buch *Adolf Hitler. Schüler der »Weisen von Zion«* von 1936 hingegen erfasste mit der *projektiven Funktion* der Wahnidee der jüdischen Weltverschwörung das Wesen dieser Wahnidee: Der Traum des nationalsozialistischen Antisemitismus »ist der, den er dem ›jüdischen Dämon‹ zuschreibt: *Gold und Weltherrschaft*«.[319] Und hier liegt, wie Hannah Arendt herausgestellt hat, denn auch das Geheimnis für den anhaltenden Erfolg der *Protokolle*:

> »Die wiederholten Nachweise, daß es sich bei den Protokollen um eine Fälschung handelt, wie auch die unermüdlichen Enthüllungen ihrer wirklichen Entstehung, sind ziemlich irrelevant. Es ist von weitaus größerer Wichtigkeit, daß man nicht das erklärt, was an den Protokollen offenkundig, sondern was an ihnen mysteriös ist: vor allem, weshalb sie trotz der offensichtlichen Tatsache, daß es sich um eine Fälschung handelt, andauernd geglaubt werden. Hier, und nur hier allein liegt der Schlüssel zu der Frage, die allem Anschein nach niemand mehr stellt, warum die Juden der Funke waren, an dem sich der Nazismus entzündete [...] [Das] beweist, wie recht Alexander Stein mit seiner wissenschaftlichen Abhandlung über Adolf Hitler: Schüler der ›Weisen von Zion‹ hatte, einer Veröffentlichung, die in den dreißiger Jahren nicht auf das geringste Echo stieß. Er weist darin nach, daß die Organisation der angeblichen ›Weisen von Zion‹ ein Modell war, dem die faschistische Organisation nacheiferte,

> und daß die Protokolle all die Grundsätze enthielten, die sich der Faschismus aneignete, um die Macht zu erringen. *Das Geheimnis für den Erfolg dieser Fälschung war also in erster Linie nicht der Judenhaß, sondern viel eher die grenzenlose Bewunderung, die der Gerissenheit einer vorgeblich jüdischen Technik, sich weltweit zu organisieren, galt.*«[320]

Später, in *Elemente und Ursprünge totaler Herrschaft*, wird Arendt im Anschluss an Steins Buch schreiben: »Die Nazis begannen mit der ideologischen Fiktion einer Weltverschwörung und organisierten sich mehr oder weniger bewußt nach dem Modell der fiktiven Geheimgesellschaft der Weisen von Zion.«[321]

Das genaue Gegenbild zu dieser projektiven Verdrehung, sozusagen die Verdrehung der Verdrehung, entwirft ein jiddischer Witz. Er geht so:

> Shlomo und Moishe sitzen in einem New Yorker Café und lesen Zeitung. Shlomo liest *Aufbau*, die 1934 gegründete deutsch-jüdische Exilzeitung, damals die wichtigste Informationsquelle und Anlaufstelle für jüdische und andere deutschsprachige Flüchtlinge in den USA. Moishe aber liest den *Stürmer*. Als Shlomo das bemerkt, fragt er Moishe entrüstet: »Warum nur, Moishe, liest du denn den *Stürmer*?« »Ach, warum soll ich immer nur lesen, wie schlecht es uns geht«, antwortet Moishe: »Im *Stürmer* lese ich, wie *gut* es uns geht! Hier steht, dass uns alle Geschäfte und Banken gehören, wir die ganze Politik beherrschen, die Weltwirtschaft kontrollieren und bald die ganze Welt übernehmen werden!«[322]

Was Alexander Stein in Buchlänge als vergleichende Analyse der *Protokolle der Weisen von Zion*, Rosenbergs *Mythus des 20. Jahrhunderts* und Hitlers *Mein Kampf* ausführt, erzählt der Witz en miniature: Im Spiegelkabinett der Projektionen erkennt der Jude den Wunsch der Nazis, Reichtum und Weltherrschaft an sich zu reißen, den der Nazi hegt, indem er ihn dem »Weltjudentum« unterschiebt.

Der jiddische Witz ist eine Erzählform, die in jahrtausendelanger Ausgrenzung und Verfolgung wurzelt. Existenzielle Absurdität vermag er wie keine andere in pointierter Zuspitzung zu fassen, indem er die real entstellte Wirklichkeit erzählend zur Kenntlichkeit entstellt.[323] Der Witz von Moishe, der den *Stürmer* als Erbauungsliteratur liest, ist wie so viele, wenn nicht die meisten jiddischen Witze: so tieftraurig, dass einem nichts übrig bleibt als zu lachen.

18. Das Geheimnis wird geraunt, um es im Aussprechen zu bewahren

Die *Protokolle* finden heute noch immer ein breites Publikum. Besonders in islamischen Ländern und den Gebieten der ehemaligen Sowjetunion, aber auch in der westlichen Welt ist das seit ihnen inflationär kolportierte Schlagwort von der »zionistisch-freimaurerischen Verschwörung« kurrente Münze.[324]

Im Nahen Osten seien Verschwörungstheorien ein fester, ja »allgegenwärtiger Bestandteil des sozialen und politischen Diskurses«, konstatiert der Politikwissenschaftler Matthew Gray.[325] In der Türkei – seit jeher eine der wichtigsten Schnittstellen zwischen West und Ost – werde seit dem Zerfall des Osmanischen Reiches von Anhängern politischer Richtungen von ganz links bis ganz rechts der Hauptfeind im »westlichen«, »zersetzenden« Kosmopolitismus ausgemacht, dem nur mit der Schaffung einer nationalen Einheit Einhalt geboten werden könne, so der Historiker Doğan Gurpınar und der Soziologe Turkay Salim Nefes. Sie führen aus:

> »Although Kemalist aversion to imperialism and liberalism was fraught with conspiracy theories, Islamism was even more profoundly infatuated with a conspiratorial outlook. Islamists and conservatives had long conceived of themselves as in a perpetual war with the Zionist-Freemasonic plot aiming to subjugate Turkey and Islam. Accordingly, only the Islamic and conservative bulwark posed the weighty pillar of resistance against this threat. For them, in fact, Westernisation itself was a conspiracy imposed by the West and carried out by local accomplices, including the Freemasons, Jews and *Dönmes* [jüdische Konvertiten zum Islam] pulling the strings of the Westernised elite duped by Western ideological propaganda.«[326]

Auch hier sind die *Protokolle der Weisen von Zion* der zentrale Referenztext: »*The Protocols of the Elders of Zion* had been the quintessential ur-text of this conspiratorial mindset, which had been slightly appropriated for the

Islamist agenda since its earliest translations and dissemination throughout the Islamic world«.[327]

Verschwörungsdenken weist immer historische, regionale und medial bestimmte Unterschiede auf. Die Ängste, die es ventiliert, unterscheiden sich in signifikanter, historisch und regional bestimmter Weise, die man nur verstehen kann, wenn man die Lebenspraxis kennt, in die sich dies Denken einträgt und, mehr noch, der es Halt verleihen soll. Doch ob man nun nach Südostasien, Afrika oder in den Balkan schaut: Der Baukasten, aus dem die Elemente in unterschiedlicher Weise zusammengefügt werden, ist weltweit der gleiche. Die kursierenden Erzählungen von den Juden auf der einen Seite und den Freimaurern auf der anderen ähneln sich in Struktur und Inhalt ihrer Zuschreibungen bis in kleinste Details auf der ganzen Welt so weit, dass die einen mit den anderen wechselseitig austauschbar, häufig identisch, damit eben auch untereinander kompatibel sind. In der Vorstellung heutiger Verschwörungsdenker jedenfalls sind alle Freimaurer Juden oder stehen unter direktem jüdischem Einfluss; alle Freimaurerlogen stünden unter jüdischer Kontrolle.[328]

Die Vorstellung, dass Synagogen und Freimaurerlogen in engster Verbindung zueinander stehen, wenn nicht sogar identisch miteinander sind, existierte lange vor den *Protokollen der Weisen von Zion*, infolge der dort propagierten Darstellung wurde sie aber zu einem unumgänglichen Topos in der antisemitischen Literatur.[329] Dem antisemitischen Denken gelten die Logen seither als die Organisationsform der jüdischen Weltverschwörung. Freimaurerei überhaupt steht als »Chiffre für ›das Judentum‹«.[330] »Antisemiten glauben, dass eigentlich die gesamte Welt durch eine böse Verschwörung bestimmt wird, und da stecken Juden und Nichtjuden dahinter«, fasst der Politikwissenschaftler Michael Blume zusammen: »Juden und Freimaurer sagte man früher, heute sagt man Zionisten und Illuminaten, und das ist immer wieder der gleiche Hass.«[331]

Der besondere Clou antimasonisch-antisemitischer Verschwörungserzählungen aber ist ihre Kassiberfunktion: Man kann sagen, ohne zu nennen. »Juden«, »Freimaurer«, »Zionisten«, »Illuminaten« müssen nicht einmal als solche benannt werden – mittlerweile ist diese Verschwörungserzählung weltweit so bekannt, dass auch ohne jede Nennung von Ross und Reiter immer schon klar ist, wer gemeint ist. So wie jeder Supermarkt nach wahrnehmungspsychologischen Prinzipien aufgebaut ist, die sicherstellen, dass Kunden so viel wie möglich von der ausgestellten Ware sehen, basieren auch Verschwörungserzählungen immer auf einer Technik des *Signpostings*: Es genügt, ein paar unverkennbare Zeichen zu setzen, der Rest raunt sich von selbst.

Solche eindeutigen Zeichen können Schlagwörter sein wie »die Hochfinanz« oder »die Plutokraten«, aber auch Begriffe, die zunächst und für sich genommen rein deskriptiv, nüchtern wirken wie »die Banken« oder »die Ostküste«. Im Kontext entfalten sie eine Funktion und Wirkung, die sie als »Tickets« kenntlich machen: Verdichtungen und Verkürzungen, in denen Unbekanntes, Fremdes mithilfe von Stereotypen und hochkomplexe gesellschaftliche Verhältnisse mithilfe von Personalisierungen »erklärt« wird.

Aber nicht einmal solcher Begriffe bedarf es; es genügt bereits, einen gewissen Ton anzuschlagen. So sagte der im April 2022 mit hoher Zustimmung wiedergewählte ungarische Ministerpräsident Viktor Orbán auf einer Wahlkampfveranstaltung 2013 etwa:

> »Wir kämpfen gegen einen Feind, der anders ist als wir. Der sich nicht zu erkennen gibt, sondern versteckt; nicht aufrichtig ist, sondern listig; nicht ehrlich, sondern gemein; nicht national, sondern international; der nicht an Arbeit glaubt, aber mit Geld spekuliert; der kein Heimatland hat, aber meint, dass ihm die Welt gehört.«[332]

Solches Raunen ist Versteckspiel hinter einem transparenten Schleier: Mummenschanz und zugleich nicht. Es gibt sich wie ein mutiges Anreden gegen mächtige Tabus, die angeblich nicht ausgesprochen werden dürfen; die Tabus, gegen die da so mutig angeredet wird, aber sind phantasiert und werden im Akt ihrer Andeutung überhaupt erst errichtet. Das, was angeblich nicht genannt werden darf, wird als Leerstelle gesetzt und dann als das, um was es »eigentlich« geht, umkreist, ohne es auszusprechen.

Da die historischen Freimaurer für universale, also auch konfessionelle Gleichberechtigung und Emanzipation der Juden eintraten, hatte die Kritik an ihnen schon früh antisemitische Bei- und Untertöne.[333] Spätestens seit den *Protokollen der Weisen von Zion* jedoch ist die kursierende Verschwörungserzählung von der Freimaurerei immer, überall und unmittelbar antisemitisch, und die kursierende Verschwörungserzählung von den Juden ist immer zugleich antimasonisch. Umgekehrt gilt: Ausnahmslos jede Verschwörungserzählung verwendet antimasonische und antisemitische Chiffren, um zu sagen ohne auszusprechen.

Geheimnisse werden geraunt. So werden sie bereits durch die Erzählform als Geheimnis gekennzeichnet, und nur in dieser Form bewahrt sich das Geheimnis auch *als* Geheimnis.

19. Verschwörungsmythen sind Projektionen

Der dem »Gerücht über die Juden«[334] und dem Gerücht über die Freimaurer zugrundeliegende psychologische Mechanismus ist derselbe: Projektion.

Projektion ist in psychoanalytischer Bestimmung »eine Operation, durch die das Subjekt Qualitäten, Gefühle, Wünsche, sogar ›Objekte‹, die es verkennt oder in sich ablehnt, aus sich ausschließt und in dem Anderen, Person oder Sache, lokalisiert«.[335] Das Eigene, das projiziert wird, muss nach außen gebracht werden, weil es als Eigenes nicht akzeptiert werden kann – sei es aus Scham, Schuldgefühlen, moralischen Beweggründen. Unbewusst werden eigene Gefühle, Gedanken, Wünsche, Phantasien, Anteile des eigenen Selbst in die Person, die Sache hinein übertragen, wo sie dann als fremd verfolgt, erforscht, genossen, bekämpft werden. Ziel ist zum einen, das Objekt in Besitz zu nehmen, zu kontrollieren, ihm zu schaden.[336] Ziel ist zum anderen, psychische Wahrheit auf Kosten eines anderen, der als Deponie missbraucht wird, zu vermeiden.[337]

Bei der Projektion handelt es sich also wesentlich um eine Abwehr, die ebenso primitiv ist wie »sehr archaischen Ursprungs« und »besonders bei Paranoia am Werk ist, aber auch in ›normalen‹ Denkformen wie dem Aberglauben«.[338]

Der Umgang mit Projektionen gestaltet sich so schwierig, weil sie nicht rational widerlegbar sind. Antisemitismus ist ebenso erfahrungs- wie argumentresistent; für seine Bildung und Ausgestaltung als System braucht es keinen einzigen Juden. Ein Mann wiederum, der sich gegen seine eigenen sexuellen Wünsche verteidigt, indem er seine Frau permanent der Untreue verdächtigt, »kann dabei ebensoviel Scharfsinn im Hinblick auf den anderen erreichen wie Verkennung im Hinblick auf sich selbst. Es ist demnach bisweilen unmöglich und immer unwirksam, die Projektion als eine irrige Wahrnehmung hinzustellen.«[339]

20. Projektion ist Selbstporträt

Projektiv war das Allgemeinverständnis von der Freimaurerei von allem Anfang an. Mit der realen Freimaurerei, sei es die historische Bewegung oder deren Überbleibsel, wie man sie heute finden kann, hatte und hat es ebensowenig zu tun wie das »Gerücht über die Juden« mit realen Juden.

Wie jede Projektion gibt auch das Gerücht von der Freimaurerei keinerlei Auskunft über die reale Freimaurerei, doch sehr viel über den Projizierenden. Projektionen zeichnen ein Porträt des Bewusstseinsstandes und des Unbewussten, der Haltungen, Wünsche und Bedürfnisse *des Projizierenden*. Ein Mensch etwa, der annimmt, Juden seien stets hinterlistig-berechnend, geizig, gefühlskalt und grausam, gibt Einblick in seine eigene Gefühlsarmut und Aggressivität, den Wunsch, die Macht zur erfolgreichen Manipulation zu besitzen, Ängste, überwältigt zu werden.

Das gilt nicht bloß auf subjektiver Ebene: Die aktive Verbreitung entsprechender Gerüchte über die Illuminaten durch den bayerischen Staat und seiner Agenten gab vor allem ein Porträt von dessen Angst vor der organisierten Aufklärung und die mit ihr assoziierte Aufhebung der feudalen ständischen und religiösen Ordnung. Nicht erst durch die Entwicklungen in Deutschland, sondern vor allem durch die vorhergegangenen in den fortgeschritteneren Ländern England und Frankreich spürten die Machthaber, dass ihre Zeit durch allgemeingesellschaftliche Entwicklungen – namentlich die wachsende Macht des Bürgertums – gekommen war und fürchteten, dass auch andere das bemerken würden.

Verschwörungsdenken setzt die Fähigkeit zu Abstraktion und Symbolisierung voraus, die vom modernen Subjekt allenthalben verlangt wird, um sich überhaupt in der Welt bewegen zu können. Es ist eine Reaktionsbildung auf die Rationalisierung der Welt; diese Rationalisierung wird an sich anerkannt, zugleich aber abgewehrt, u.a., weil sie nach anderen Gesetzen verlaufen soll, die nicht der äußeren, sondern der inneren, psychischen Realität des Subjekts entsprechen. Der Begriff »psychische Realität« – das, was Melanie Klein als Welt der »inneren Objekte« bezeichnet[340] – geht bei Freud auf Vorstellungen, Haltungen und Urteile über die Realität, die unbewusst wurden und im Unbewussten fortan einen Zusammenhang bilden, der der materiellen Realität vergleichbar ist, aber keineswegs mit dieser zusammenfällt. »Hat man die unbewußten Wünsche, auf ihren letzten und wahrsten Ausdruck gebracht, vor sich, so muß man wohl sagen, daß die *psychische* Realität eine besondere Existenzform ist, welche mit der *materiellen* Realität nicht verwechselt werden soll«, schreibt Freud am Ende der *Traumdeutung*.[341] Diesen unbewusst gewordenen Vorstellungen, Haltungen und Urteilen über die Realität kommt in dem Sinne ein Realitätswert zu, als sie auf reale Ereignisse verweisen; dabei ist es aber zunächst nicht von Belang, ob sich in ihnen reale Ereignisse abbilden oder nicht, entscheidend ist vielmehr die Art und Weise des Bezugs der psychischen Realität auf die Wirklichkeit, unter anderem also, wie die Realität phantasiert wird.[342]

Im Falle der heute bis in den common sense vorgedrungenen Phantasie einer »jüdisch-freimaurerischen Weltverschwörung« ist das Gerücht von der Freimaurerei immer ein manifest psycho*pathologisches* Selbstporträt. Dies ganz in der Weise, wie es Adorno in der Einleitung der *Studien zum autoritären Charakter* beschreibt:

> »Heute [d.i. 1949] ist man geradezu erleichtert, wenn sich ein Gruppenkonflikt lediglich als Zusammenstoß wirtschaftlicher Interessen herausstellt […] und nicht etwa untergründige emotionale Triebe freigesetzt wurden. Wenn die Menschen die soziale Welt beurteilen sollen, treten grell irrationale Züge hervor.«[343]

Und weiter heißt es dort:

> »Eine rationale Basis für solche Generalisierungen [wie alle Juden abzulehnen oder alle Juden zu loben] ist nicht denkbar […]. Die objektive Situation des Individuums kommt als Ursprung solcher Irrationalität kaum in Frage; besser sieht man sich dort um, wo die Psychologie bereits die Quelle von Träumen, Phantasien und Fehlinterpretationen der Welt gefunden hat – in den verborgenen Bedürfnissen der Charakterstruktur.«[344]

Das Interesse von Verschwörungstheorien aller Art liegt nicht in der Information über die Welt, sondern in der Perspektive, die sie dem Weltgeschehen verleihen. Sie appellieren entsprechend nicht an das rationale Selbstinteresse, sondern an die »primitivsten und irrationalsten Wünsche und Ängste«[345]. Es sind damit nicht Dummheit oder Uninformiertheit, die zur Ausprägung von Verschwörungsdenken führen, sondern »lange bestehende Sehnsüchte und Erwartungen, Ängste und Unruhen, die Menschen für bestimmte Überzeugungen empfänglich und anderen gegenüber resistent machen«.[346]

21. Verschwörungsdenken ist Realitätsverleugnung

Paranoia ist ein mehr oder weniger geschlossenes, mehr oder weniger systematisiertes, wahnhaftes System, das sich auch bei ansonsten psychisch zunächst nicht weiter auffälligen, »funktionierenden« Personen ausbilden kann. Phantasiert wird eine Verfolgung, die mit der Realität, sei es auch eine tatsächlich vorhandene Verfolgung, nichts zu tun hat, sondern allein aus einer inneren Dynamik entsteht.

Melanie Kleins Auffassung zufolge durchläuft im Rahmen der frühkindlichen Entwicklung jedes Subjekt eine, wie sie es nennt, »paranoid-schizoide Position«, in der die Angst um das eigene, von bösen Objekten verfolgte Ich im Mittelpunkt steht; sie wird dann psychogenetisch von der »depressiven Position« abgelöst, in der Sorge und Angst um das geliebte Objekt überwiegen.[347] »Position« bezeichnet dabei jeweils eine »Konstellation von Ängsten, Abwehrformationen, Objektbeziehungen und Triebimpulsen«[348], die sich in der frühen Kindheit ausbildet und als Fähigkeit des Ichs, aber auch als Regressionsmöglichkeit über das ganze Leben erhalten bleibt.

Paranoia als später auftretendes psychisches Phänomen ist die Phantasie einer Verfolgung durch »böse Teilobjekte« eines wenig integrierten Ichs, das sich in seiner gesamten Selbstorganisation als bedroht erlebt. Es macht übermäßigen Gebrauch von primitiven Mechanismen wie Introjektion und Projektion, Spaltung und Idealisierung, und vermag so lediglich rudimentärste Unterscheidungen zu treffen, die zwischen Gut und Böse.

Die Angst vor der Verfolgung durch die bösen Teilobjekte, die sich im unbewussten Denken zu einem übermächtigen bösen Riesenobjekt zusammenschließen, kann kaum ertragen werden. Befürchtet wird die Vernichtung durch ein omnipotentes Objekt, eine Vernichtungsangst, die die Übersetzung eigener aggressiver Impulse von der unstrukturierten inneren Welt in die äußere Welt ist, die auf diese Weise zwar als feindselig, aber immerhin als strukturiert, konkret und damit interpretierbar erlebt wird. Die einzige Strategie des Umgangs mit diesem übergroßen, übermächtigen Verfolger ist die Verleugnung – mittels ihrer soll ihm jede Realität aberkannt werden, zugleich wird so aber auch die omnipotente Kontrolle des Objekts affirmiert.

Das Auftauchen von Unbekanntem, Unzusammenhängendem und Formlosem ist stets mit einem Gefühl von Verfolgung verbunden.[349] Omnipotente Phantasien dienen vor allem der Abwehr der Gefühle und Erfahrungen von Getrenntheit, Ohnmacht, Hilflosigkeit, Abhängigkeit und Neid. Das Abwehrmuster omnipotenter Kontrolle

> »basiert auf der Vorstellung, den idealisierten Zustand einer Verschmelzung mit dem guten Objekt aufrechtzuerhalten, während das böse Objekt dominiert und kontrolliert werden muss, um es zu bestrafen und der Furcht vor seiner Rache und Verfolgung zu entgehen. Omnipotente Kontrolle ist entweder eine Abwehr der Depression, die mit dem Verlust des guten Objekts verbunden ist, oder aber der Furcht vor der Aggression, die auf das böse Objekt projiziert wird.«[350]

Hieraus erklärt sich die sagenhafte Macht, die Verschwörern und ihren Organisationen im Denken von Verschwörungsgläubigen zugesprochen wird, ebenso wie ihre Bereitschaft, jegliche logische Inkonsistenz und Widersprüche in der Verschwörungserzählung nicht nur nicht zu hinterfragen, sondern umgekehrt auch noch als Beweis für Wirklichkeit und Macht der Verschwörungsorganisation zu nehmen. Deren angenommene zerstörerische Potenz wird dabei zur Rationalisierung eigener »destruktiver Wünsche herangezogen, die sonst die Zensur des Ichs nicht passieren ließe«[351]: Einem übermächtigen, allumfassenden und alles unterwandernden Komplott kann man ja nur begegnen, indem man sich restlos unterwirft – oder ihm mit Hass, Aggression und Destruktion entgegentritt.

> »Indem der Paranoiker die Außenwelt nur perzipiert, wie es seinen blinden Zwecken entspricht, vermag er immer nur sein zur abstrakten Sucht entäußertes Selbst zu wiederholen. Das nackte Schema der Macht als solcher, gleich überwältigend gegen andere wie gegen das eigene mit sich zerfallene Ich, ergreift, was sich ihm bietet, und fügt es, ganz gleichgültig

> gegen seine Eigenart, in sein mythisches Gewebe ein. Die Geschlossenheit des Immergleichen wird zum Surrogat von Allmacht.«[352]

Was ersehnt wird – Macht, Herrschaft, Grenzenlosigkeit –, wird gehasst, »denn auch der Haß führt zur Vereinigung mit dem Objekt, in der Zerstörung. Er ist das Negativ der Versöhnung.«[353]

Die Voraussetzung der Anerkennung der Realität ist die psychische Fähigkeit, depressive Ängste und die Zumutungen der Realität auszuhalten, auf die Annahme eines omnipotenten (Teil-)Objekts – und entsprechende Introjektionen und Projektionen – zu verzichten und sich auf die Realität als ein aus komplexen Teilobjekten bestehendes ganzes Objekt zu beziehen, ein Äußeres, das der magischen (Denk-)Kontrolle des Subjekts schlechterdings entzogen ist. Realität jedoch ist im Verschwörungsdenken nicht das, was sich außen findet, sondern das, was innen ist. Der Überstieg vom einen zum anderen gerät zu einer Verstrickung, in der das eine mit dem anderen unauflöslich verbunden ist.

Eines der Ergebnisse der paranoischen Projektion ist die Feindseligkeit der Welt »da draußen«. Übermächtig sind die Agenten, die sich zu ihrer Zerstörung verschworen haben, und das Verderben, dass sie bringen, ist total. Das kommende Verderben, dessen sich der Paranoiker so gewiss ist, ist dabei das eigene Unglück, das nicht als solches erkannt werden kann:

> »Das zwangshaft projizierende Selbst kann nichts projizieren als das eigene Unglück, von dessen ihm selbst einwohnenden Grund es doch in seiner Reflexionslosigkeit abgeschnitten ist. Daher sind die Produkte der falschen Projektion, die stereotypen Schemata des Gedankens und der Realität, solche des Unheils. Dem Ich, das im sinnleeren Abgrund seiner selbst versinkt, werden die Gegenstände zu Allegorien des Verderbens, in denen der Sinn seines eigenen Sturzes beschlossen liegt.«[354]

22. Verschwörungsparanoia ist invertierte Rettungshoffnung

Die Annahme der Existenz einer omnipotenten Instanz erzeugt aber nicht nur Angst.

Das Leben in der modernen Gesellschaft ist komplex und kompliziert, weil die Gesellschaft vielgliedrig und die Mechanismen, nach denen sie funktioniert, ebenso wie die Leistungen, die das moderne Subjekt in ihr zu erbringen hat, komplex und kompliziert sind. Die Ereignisse, die wir als Subjekte tagtäglich zu ertragen haben, sind zu einem großen Teil abstrakt, kontingent und arbiträr, nicht selten sind sie schlicht langweilig, insgesamt Zumutungen. Wir haben eigentlich klare objektive Interessen – wie etwa Nahrung, Obdach, Wärme, Schutz vor körperlicher Unversehrtheit. Doch wie wir diese Interessen verfolgen und realisieren können, ist weniger klar. Oft genug – und wie es scheint, immer häufiger – ist zu beobachten, dass die Individuen geradewegs gegen ihre objektiven Interessen handeln, hellauf begeistert und in einem Ausmaß, das daran zweifeln lässt, dass rationale Abwägung, ja selbst grundlegende Realitätsprüfung stattgefunden hat.

Bedürfnis aber ist nichts Festes, sondern »eine gesellschaftliche Kategorie«, die Unterscheidung von Oberflächenbedürfnissen und Tiefenbedürfnissen darum »gesellschaftlich entstandener Schein«[355] – eine Situation, in der das Bedürfnis regelmäßig »in Widerspruch mit sich selbst gerät«[356]. Im Verfolg unserer Bedürfnisse sind wir ständig gezwungen, aus dem Kreis unserer unmittelbaren Erfahrung zu treten, hochkomplexe soziale Prozesse abzuwägen und Verhältnisse in unsere Überlegungen miteinzubeziehen, deren Zusammenhänge so weit reichen und so verwickelt sind, dass unsere Unwissenheit in Konfusion umschlägt. »Die Objektivierung sozialer Prozesse, die in Wahrheit überindividuellen Prozessen gehorchen, scheint zu einer geistigen Entfremdung des Individuums von der Gesellschaft zu führen, die vom Einzelnen als Desorientierung empfunden wird und die von Furcht und Unsicherheit begleitet ist.«[357]

All das aber stellt sich mit der Annahme einer omnipotenten Instanz ganz anders dar. Sie bietet Komplexitätsreduktion, Orientierung und Ordnungskriterien, durch die das »Unbehagen in der Kultur«[358] wenn nicht zum Verschwinden gebracht, so doch eingedämmt werden kann. Stereotypes Denken und Personalisierungen von abstrakten gesellschaftlichen Verhältnissen können gegengezeichnet, mit höherer Bedeutung hinterlegt und somit beglaubigt werden. Sowohl in Größen- wie in Verfolgungsphantasien steht das Subjekt im Zentrum;[359] wo im Alltag Gleichförmigkeit und Gleichgültigkeit begegnen, gilt ihm hier plötzlich eine geradezu gleißende Aufmerksamkeit, die entschädigt und wie eine Gratifikation genossen werden kann. Und nicht zuletzt ist es aufregend zu glauben, dass »hinter« all dem »etwas« ist, das geheim agiert, aber an Zeichen zu erkennen und zu verfolgen ist wie bei einer riesengroßen Schnitzeljagd.

Die Einsicht in die Endlichkeit und Kontingenz allen Lebens bringt Unsicherheit mit sich. Demgegenüber ist der Glauben an eine omnipotente Instanz auch tröstlich, denn eine solche Instanz wäre nicht nur in der Lage zu verfolgen, sondern auch ordnend einzugreifen und zu erretten. Deutlich tritt das hervor, wenn man diesen Glauben vor dem Hintergrund des psychologischen Mechanismus der »Verneinung« begreift:

> »Ein verdrängter Vorstellungs- oder Gedankeninhalt kann […] zum Bewußtsein durchdringen, unter der Bedingung, daß er sich *verneinen* läßt. Die Verneinung ist eine Art, das Verdrängte zur Kenntnis zu nehmen, eigentlich schon eine Aufhebung der Verdrängung, aber freilich keine Annahme des Verdrängten. Man sieht, wie sich hier die intellektuelle Funktion vom affektiven Vorgang scheidet. Mit Hilfe der Verneinung wird nur die eine Folge des Verdrängungsvorganges rückgängig gemacht, daß dessen Vorstellungsinhalt nicht zum Bewußtsein gelangt. Es resultiert daraus eine Art von intellektueller Annahme des Verdrängten bei Fortbestand des Wesentlichen an der Verdrängung.«[360]

Verschwörungsdenken ist Glaube an ein omnipotentes Objekt, mittels dessen die Realität in all ihren Widersprüchen und Verwerfungen nicht mehr zur Kenntnis genommen werden muss. Mit der Annahme einer phantasierten Realität hinter der Realität kann aber zugleich auch ein Prinzip der

Ordnung und der Freiheit von jedem Zufall angenommen werden, während eine solche Ordnung in Wirklichkeit nicht existiert. Und hat derjenige, der »die Zeichen erkennt«, sich nicht schon durch singulären Scharfsinn, Beharrlichkeit und Kampfgeist ausgewiesen, gegenüber der »dunklen Macht« als (gerne selber dunkler, tragisch-romantischer) Held gezeigt? Hat er sich nicht als Erwählter empfohlen? Erwählt womöglich sogar von *ihr*?

Die Erzählung von der weltumspannenden Verschwörung durch (freimaurerisch-jüdische) Geheimbünde ist so zugleich ein infantiles Festhalten am Glauben an und der Hoffnung auf eine omnipotente Instanz, die das Geschehen der Welt lenkt. Das Aufspüren, Erkennen und Aufdecken ihrer angeblichen Geheimzeichen bietet narzisstische Gratifikation. Und die mit jedem Verschwörungsdenken unausbleiblich einhergehende Paranoia ist eine ins Negative gewendete (verdrängte und verneinte) insgeheime Hoffnung auf Errettung durch diese omnipotente Instanz.

23. Quersumme ist 5

»All things happen in fives, or are divisible by or are multiples of five, or are somehow directly or indirectly appropriate to 5.«[361]

»William S. Burroughs introduced me to the 23 Enigma while I was at *Playboy.* [...] In the early '60s in Tangier, Burroughs knew a certain *Captain Clark* who ran a ferry from Tangier to Spain. One day, Clark said to Burroughs that he'd been running the ferry *23 years* without an accident. That very day, the ferry sank, killing Clark and everybody aboard. In the evening, Burroughs was thinking about this when he turned on the radio. The first newscast told about the crash of an Eastern Airlines plane on the New York-Miami route. The pilot was another *Captain Clark* and the flight was listed as *Flight 23.* [...] Burroughs began keeping records of odd coincidences. To his astonishment, 23s appeared in a lot of them. When he told me about this, I began keeping my own records – and 23s appeared in many of them.«[362]

»Believers in the Illuminati often point to music videos and award ceremonies in which popular artists seem to be outwardly expressing Illuminati triangles, saying these clips prove there is an imminent New World Order attack coming from the global elite class [...] This is the same process behind why you might notice more white cars after buying one for yourself, as well as the reason why some people claim to see the number 23 as a constant in every facet of their lives. The fact is that, like the number 23 and white cars, you can't avoid being near triangles sometimes – it's one of the most fundamental geometric shapes.«[363]

»The Illuminati is the belief that the most powerful ppl on Earth are in a conspiracy to leave giant clues that they‘re part of a conspiracy.«[364]

»What makes you think a closed mind / Could help you open doors?«[365]

Anmerkungen

1 Das wurde bspw. behauptet (und vielfach übernommen) von: Dieter Groh: *Die verschwörungstheoretische Versuchung, oder: Why do bad things happen to good people.* In: Ders.: *Anthropologische Dimensionen der Geschichte*, Frankfurt/M. 1992, 267–306; hier: 267. Siehe auch: Dieter Groh: *Verschwörungen und kein Ende.* In: *Kursbuch* 124/1996, 12–26; hier: 22.

2 »Denkform« hier in dem Sinne verstanden, wie im Anschluss an Kant entwickelt von: Alfred Sohn-Rethel: *Geistige und körperliche Arbeit* (1970/73/89). In: Ders.: *Geistige und körperliche Arbeit. Theoretische Schriften 1947–1990.* Schriften IV. Hg. von Carl Freytag, Oliver Schlaudt & Françoise Willmann. Freiburg/Brsg. 2018, 185–420. Denkformen sind demnach immer vom gesellschaftlichen Sein bestimmt und immer (natur- oder menschen-)geschichtliche Entwicklungsprodukte. Weil sie historische Bewusstseinsformen sind, kann über sie nichts von vornherein ausgemacht werden: »Eine Bewußtseinsbildung aus dem gesellschaftlichen Sein setzt einen Abstraktionsprozeß voraus«, der seinerseits »Teil des gesellschaftlichen Seins ist« (a.a.O., 213f.).

3 Michael Butter macht Ursprünge von Verschwörungsdenken bereits in der Antike aus, bestimmt seinen eigentlichen massenwirksamen Beginn aber in der Frühen Neuzeit. Siehe Michael Butter: *»Nichts ist, wie es scheint«. Über Verschwörungstheorien*, Berlin 2018, 140f. Siehe dazu auch: Barry Coward & Julian Swann (Hg.): *Conspiracies and Conspiracy Theory in Early Modern Europe. From the Waldensians to the French Revolution*, Aldershot 2004. Einen Überblick über die Geschichte und Systematik von Verschwörungstheorien ebenso wie eingehende Diskussionen von methodischen, politischen, regionalen, psychologischen u.a. Aspekten bietet: Michael Butter & Peter Knight (Hg.): *Routledge Handbook of Conspiracy Theories*, London, New York 2020.

4 Siehe dazu: Rolf Klausnitzer: *Die Formierung des modernen Verschwörungsdenkens in der Aufklärung.* In: Johannes Kuber, Michael Butter, Ute Caumanns, Bernd-Stefan Grewe & Johannes Großmann (Hg.): *Von*

Hinterzimmern und geheimen Machenschaften. Verschwörungstheorien in Geschichte und Gegenwart (Im Dialog. Beiträge aus der Akademie der Diözese Rottenburg-Stuttgart, 3/2020), 59–76. Sowie: *Claus Oberhauser: Barruel – Robison – Starck. Merkmale von Verschwörungstheorien in der Spätaufklärung.* In: Johannes Kuber, Michael Butter, Ute Caumanns, Bernd-Stefan Grewe & Johannes Großmann (Hg.): *Von Hinterzimmern und geheimen Machenschaften. Verschwörungstheorien in Geschichte und Gegenwart* (Im Dialog. Beiträge aus der Akademie der Diözese Rottenburg-Stuttgart, 3/2020), 77–91. Die These, dass das Aufkommen des Verschwörungsdenken mit der Aufklärung zu datieren ist, hat nicht aufgestellt, aber zuerst prominent vertreten: Karl Popper: *Falsche Propheten. Hegel, Marx und die Folgen. Die offene Gesellschaft und ihre Feinde*, Bd. 2. Hg. von Hubert Kiesewetter, übers. P. K. Feyerabend, Tübingen 2003, 112.

5 Eine Darstellung von Verschwörungstheorien im Hinblick auf die Urheber der Französischen Revolution, die als Vorbilder für unzählige Nachfolger fungierten, von denen Freimaurer, Illuminaten und Juden als Verschwörungsmächte gedeutet werden, bei: Claus Oberhauser: *»Die« verschwörungstheoretische Trias: Barruel – Robison – Starck* (Quellen und Darstellungen zur europäischen Freimaurerei, Bd. 15), Innsbruck 2013. Claus Oberhauser: *Freemasons, Illuminati and Jews: Conspiracy theories and the French Revolution*. In: Michael Butter & Peter Knight (Hg.): *Routledge Handbook of Conspiracy Theories*, London, New York 2020, 555–568. Siehe dazu außerdem: Michael Butter & Maurus Reinkowski (Hg.): *Conspiracy Theories in the Middle East and the United States*, Berlin 2012; darin besonders: Andrew McKenzie-McHarg: *The transfer of anti-Illuminati Conspiracy Theories to America in the late 18th Century*. In: A.a.O., 231–250.

6 Zu allen historischen wie systematischen Fragen der Freimaurerei siehe die Überblicke und Nachschlagewerke: Eugen Lennhoff, Oskar Posner & Dieter A. Binder: *Internationales Freimaurer-Lexikon*, München 2006 (1932). Yves Hivert-Messeca: *Encyclopédie de la franc-maçonnerie*, Paris 2008. Alain Bauer, Roger Dachez & Yves Max Viton: *Le Livre de la franc-maçonnerie*, Paris 2019.

7 Nelson Goodman: *Ways of Worldmaking*, Indianapolis, Cambridge 1978 (dt. *Weisen der Welterzeugung*. Übers. M. Looser. Frankfurt/M. 1998 [1978]).

8 »Jeder Versuch, den Naturzwang zu brechen, indem Natur gebrochen wird, gerät nur um so tiefer in den Naturzwang hinein. So ist die Bahn der europäischen Zivilisation verlaufen« (Max Horkheimer & Theodor W.

Adorno: *Dialektik der Aufklärung. Philosophische Fragmente.* Gesammelte Schriften Bd. 3. Frankfurt/M. 1997, 29). Und weiter: »Aufklärung ist die radikal gewordene, mythische Angst. Die reine Immanenz des Positivismus, ihr letztes Produkt, ist nichts anderes als ein gleichsam universales Tabu. Es darf überhaupt nichts mehr draußen sein, weil die bloße Vorstellung des Draußen die eigentliche Quelle der Angst ist« (a.a.O., 32).

9 Diese Hinweise verdanke ich Gunzelin Schmid Noerr (persönliche Mitteilung).

10 Franz Kafka: *Die Sorge des Hausvaters.* In: Ders.: *Sämtliche Erzählungen.* Hg. von Paul Raabe. Frankfurt/M. 1970, 139f.

11 Vgl. a.a.O., 546 (Lemma »Marionetten«).

12 *Polichinelle maître-maçon. Représenté par les marionnettes de la foire de Saint-Germain (1744)*, Paris 1919.

13 Zu Geschichte, Charakteristik und Figuren der *Commedia dell'arte* siehe etwa: Henning Mehnert: *Commedia dell'arte. Struktur – Geschichte – Rezeption*, Stuttgart 2003. Markus Kupferblum: *Die Geburt der Neugier aus dem Geist der Revolution. Die Commedia dell'Arte als politisches Volkstheater,* Wien 2013.

14 »Der schamanische Gauner überlebte in der Volkskultur als Harlekin« (Peter Vitebsky: *Schamanismus*, Köln 2001, 90).

15 *Polichinelle maître-maçon,* 8.

16 A.a.O., 9.

17 A.a.O., 10.

18 A.a.O., 11.

19 A.a.O., 10 (Übers. D.A.).

20 Immanuel Kant: *Beantwortung der Frage: Was ist Aufklärung?* In: Ders.: Gesammelte Schriften. Hg. von der Königlich Preußischen Akademie der Wissenschaften. Bd. 8, Berlin, Leipzig 1923, 33–42; hier: 35 (das Original in: *Berlinische Monatsschrift* 4/1784, 481–494; Digitalisat des Originals unter https://www.deutschestextarchiv.de/book/view/kant_aufklaerung_1784?p=17; Zugriff 20.4.2022).

21 Siehe Immanuel Kant: *Was heißt: Sich im Denken orientiren?* In: Ders.: Gesammelte Schriften. Hg. von der Königlich Preußischen Akademie der Wissenschaften. Bd. 8, Berlin, Leipzig 1923, 131–147, hier: 146: »[D]ie Maxime, jederzeit selbst zu denken, ist die Aufklärung.«

22 Eine Erforschung dieser Zusammenhänge bei: Alfred Sohn-Rethel: *Das Geld, die bare Münze des Apriori* (1976/1990). In: Ders.: *Geistige und*

körperliche Arbeit. Theoretische Schriften 1947–1990. Schriften IV. Hg. von Carl Freytag, Oliver Schlaudt & Françoise Willmann. Freiburg/Brsg. 2018, 721–798.

23 Reinhart Koselleck: *Kritik und Krise. Eine Studie zur Pathogenese der bürgerlichen Welt*, Frankfurt/M. 1976, X.

24 Karl Marx & Friedrich Engels: *Manifest der Kommunistischen Partei*. In: Dies.: *Werke* Bd. 4, 459–493, Berlin 1974; hier: 464.

25 A.a.O., 479.

26 Koselleck: *Kritik und Krise*, 49.

27 A.a.O., 41.

28 Eine zeitgenössische Erforschung der Vorgeschichte der Freimaurerei von einem nicht-freimaurerischen Historiker etwa bei: Johann Gottlieb Buhle: *Ueber den Ursprung und die vornehmsten Schicksale der Orden der Rosenkreuzer und Freymaurer. Eine historisch-kritische Untersuchung*, Göttingen 1804.

29 James Anderson: *The Constitutions Of The Free-Masons: Containing The History, Charges, Regulations etc. of that Most Acnient and Right Worshipful Fraternity: For the Use of the Lodges*, London 1723 (online abrufbar unter: https://books.google.de/books?id=lmdTAAAAcAAJ&printsec=frontcover&hl=de&source=gbs_ge_summary_r&cad=0#v=onepage&q&f=false; Zugriff 26.4.2022). Die erste deutsche Übersetzung erschien 1736 auszugsweise, 1738 beinahe vollständig und 1742 vollständig: James Anderson (Hg.): *Neues Constitutionen-Buch Der Alten und Ehrwürdigen Brüderschafft der Frey-Maurer, worin Die Geschichte, Pflichten, Reguln, &c. derselben, auf Befehl der Grossen Loge, aus ihren alten Urkunden, glaubwürdigen Traditionen und Loge-Büchern, zum Gebrauch der Logen verfasset worden*. Aus dem Englischen übersetzet. Franckfurt am Mayn 1741 (online abrufbar unter: http://dl.ub.uni-freiburg.de/diglit/anderson1741; Zugriff 26.4.2023).

30 Anderson: *Neues Constitutionen-Buch der Alten und Ehrwürdigen Brüderschafft der Frey-Maurer*, 1f.

31 Jan Assmann: *Religio duplex. Ägyptische Mysterien und europäische Aufklärung*, Berlin 2010, 219.

32 Anderson: *The Constitutions Of The Free-Masons*, I.

33 Koselleck: *Kritik und Krise*, 59.

34 Anderson: *The Constitutions Of The Free-Masons*, II.

35 Koselleck: *Kritik und Krise*, 60.

36 Kosellecks Studie ist immer noch von zentraler Bedeutung für das Verständnis der Freimaurerei als konkreter Organisationsform der Aufklärung im Zusammenhang mit dem Aufstieg des Bürgertums als bald bestimmender gesellschaftlicher Macht: Siehe dort insbesondere Kapitel 2: »Das Selbstverständnis der Aufklärer als Antwort auf ihre Situation im absolutistischen Staat«, 41–104.

37 A.a.O., 49.

38 A.a.O., 55f.

39 Kristiane Hasselmann: *Die Rituale der Freimaurer. Zur Konstitution eines bürgerlichen Habitus im England des 18. Jahrhunderts*, Bielefeld 2009, 146.

40 Gotthold Ephraim Lessing: *Ernst und Falk. Gespräche für Freymäurer.* In: *Sämmtliche Schriften.* Hg. von Karl Lachmann u. Wendelin von Maltzahn. Bd. 11, Leipzig 1856, 247–306; hier: 250.

41 A.a.O., 295. Für eine genaue Lektüre von Lessings *Freymäuergesprächen* in den Spannungsfelder ihrer Zeit siehe: Dominic Angeloch: *Kassiber möglicher Befreiung. Gotthold Ephraim Lessings »Gespräche für Freymäurer« im Prozess der Aufklärung als geschichtlicher Tat.* In: Dominic Angeloch & Ortrud Gutjahr (Hg.): *Freiburger literaturpsychologische Gespräche. Jahrbuch für Literatur und Psychoanalyse* Bd. 41: *Gotthold Ephraim Lessing*, Würzburg 2023, 241–282.

42 Lessing: *Gespräche für Freymäurer*, 267.

43 A.a.O., 257.

44 Koselleck: *Kritik und Krise*, 68.

45 Lessing: *Gespräche*, 247.

46 Gotthold Ephraim Lessing: *Das Geheimniß*, in: *Sämmtliche Schriften.* Hg. von Karl Lachmann u. Wendelin von Maltzahn. Bd. 1, Leipzig 1853, 133–135 (enthalten auch in: Gotthold Ephraim Lessing: *Das Geheimnis*, in: Ders.: *Sämtliche Gedichte.* Hg. von Gunter E. Grimm. Stuttgart 1987, 186–188).

47 A.a.O., 134.

48 Ebd.

49 A.a.O., 135.

50 Ebd.

51 Ebd.

52 Vgl. Heinrich Schneider: *Lessing. Zwölf biographische Studien*, Salzburg 1950, 168.

53 Siehe: Heinrich Schneider: *Die Entstehungsgeschichte von Lessings beiden letzten Prosaschriften*, in: *PMLA* 63(4)/1948, 1205–1244; hier: 1207.

Schneiders Aufsatz gibt so detailliert wie klar Aufschluss sowohl über die werkgeschichtliche Entstehung von Lessings *Ernst und Falk* – die er zusammen mit Lessings Text zur *Erziehung des Menschengeschlechtes* liest – als auch die für den Text wichtigen historischen kontextuellen Umstände.

54 Vgl. Schneider: *Lessing*, 167–169, sowie: Schneider: *Die Entstehungsgeschichte von Lessings beiden letzten Prosaschriften,* 1209.

55 Ebd.

56 Vgl. a.a.O., 1214–1218.

57 Aa.O., 1218.

58 A.a.O., 1223.

59 A.a.O, 1226.

60 Ausgeführt in: A.a.O., 1226f.

61 Lessing: *Gespräche*, 272f.

62 A.a.O., 257.

63 A.a.O., 258.

64 Christoph Martin Wieland: *Das Geheimniß des Kosmopolitenordens.* In: Ders.: *Werke*, Bd. 3. Hg. von Fritz Martini & Hans Werner Seiffert, München 1967, 550–575; hier: 568.

65 Lessing: *Gespräche*, 264.

66 A.a.O., 267.

67 A.a.O., 257.

68 A.a.O., 269 (kursiv D.A.).

69 A.a.O., 270.

70 Ebd.

71 Ebd.

72 A.a.O., 271.

73 A.a.O., 290

74 A.a.O., 272.

75 A.a.O., 272f.

76 A.a.O., 291.

77 A.a.O., 270.

78 A.a.O., 285.

79 A.a.O., 292.

80 A.a.O., 295.

81 A.a.O., 292.

82 A.a.O., 290.

83 A.a.O., 290.

84 A.a.O., 294.

85 Christoph Martin Wieland: *Geschichte der Abderiten* (1774). In: Ders. *Werke*. Bd. 2, München 1964ff.

86 Wieland: *Geschichte der Abderiten*, 230–232.

87 Christoph Martin Wieland: *Der goldne Spiegel oder Die Könige von Scheschian. Eine wahre Geschichte aus dem Scheschianischen übersetzt*, in: *Wielands Werke*. Historisch-Kritische Ausgabe. Hg. von Klaus Manger und Jan Philipp Reemtsma, Band 10.1/1. Bearb. von Hans-Peter Nowitzki und Tina Hartmann. Berlin, New York 2008 (1772), 1–358.

88 Wieland: *Das Geheimniß des Kosmopolitenordens*, 573.

89 Christoph Martin Wieland: *Ein paar Goldkörner aus – Maculatur oder Sechs Antworten auf sechs Fragen*, in: Wielands Gesammelte Schriften. Hg. von der Deutschen Akademie der Wissenschaften zu Berlin durch Hans-Werner Seiffert. Bd. 23. Kleine Schriften III, 1783–1791, Berlin 1969, 270–275, hier: 274.

90 Ebd.

91 Darauf hat in einem kenntnisreichen Beitrag hingewiesen: Rainer Godel: *»Ob übrigens das, was ich aus diesen Blättern destilliret habe, ächtes Gold sey, wird sich zeigen«. Wielands Replik auf Ernst Anton von Göchhausens Kampf gegen die Aufklärung*. In: Jost Hermand & Sabine Mödersheim (Hg.): *Deutsche Geheimgesellschaften. Von der Frühen Neuzeit bis zur Gegenwart*, Weimar 2013, 31–57; hier: 56.

92 Wieland: *Ein paar Goldkörner aus – Maculatur*, 275.

93 Christoph Martin Wieland: *Politische Schriften, insbesondere zur Französischen Revolution*. 3 Bde. Hg. von Jan-Philipp Reemtsma, Hans & Johanna Radspieler. Bd. I, Nördlingen 1988, 250.

94 Wieland: *Das Geheimniß des Kosmopolitenordens*, 556.

95 A.a.O., 556.

96 Drei Reden waren Wielands Beiträge zur Logenarbeit: *Über den Zweck und Geist der Freimaurerei*, *Wie verhält sich das Ideal der Freimaurerei zu ihrer dermaligen Beschaffenheit* und *Über das Fortleben im Andenken der Nachwelt* – Beiträge, die er krankheitshalber nicht mehr selber vortragen konnte, in der Loge jedoch vorgelesen wurden und dem Zeugnis zufolge »nachhaltigste Wirkung« taten (vgl. Lennhoff et al.: *Internationales Freimaurer-Lexikon*, 903 [Lemma: »Wieland«]).

97 Lessing: *Gespräche*, 288.

98 A.a.O., 290.

99 Zumal das Grundprinzip des Arcanums der Freimaurerei doch objektiv eine Entgegensetzung von (aufklärerisch-freimaurerischer) Moral und staatlicher Macht darstellte, ob diese nun von den Maurern intendiert war oder nicht. Während die Freimaurer sich nicht als Revolutionäre verstanden und ihr Wirken keineswegs auf einen Umsturz der bestehenden Ordnung zielte, war ihre Orientierung an der Vernunft doch schon in ihrer Anlage politisch, wie Koselleck herausgestellt hat: »Die Moral ist der präsumptive Souverän. Direkt unpolitisch, ist der Maurer indirekt doch politisch. Die Moral bleibt zwar gewaltlos und friedlich, aber gerade als solche stellt sie – durch ihre Polarisierung zur Politik – den bestehenden Staat in Frage. Alle Logen waren auf Grund der Konstitution verpflichtet, Aufständischen und Rebellen, wenn sie moralisch intangibel waren, Schutz und Zuflucht zu gewähren. Das nicht nur außerstaatliche, sondern als solches schon antistaatliche Arbeitsfeld wurde mit dieser Bestimmung abgesteckt« (Koselleck: *Kritik und Krise*, 68).

100 A.a.O., 49f.

101 A.a.O., 62.

102 A.a.O., 64.

103 Einige der wichtigsten Schriften Knigges zur Freimaurerei finden sich in: Adolph Freiherr Knigge: *Über Freimaurer, Illuminaten und echte Freunde der Wahrheit*. Hg. u. Einl. von Wolfgang Fenner. Wiesbaden 2008.

104 Zit. nach: Reinhard Markner: *Einleitung. Zur historischen Einführung*, in: Reinhard Markner, Monika Neugebauer-Wölk, Hermann Schüttler (Hg.): *Die Korrespondenz des Illuminatenordens*. Bd. 1: *1776–1781*, Tübingen 2005, XVIIIf.

105 Hermann Schüttler: *Zwei freimaurerische Geheimgesellschaften des 18. Jahrhunderts im Vergleich: Strikte Observanz und Illuminatenorden*, in: Erich Donnert (Hg.): *Europa in der Frühen Neuzeit. Festschrift für Günter Mühlpfordt zum 75. Geburtstag*, Weimar, Köln, Wien 1997, 521–544, hier: 532.

106 Schneider: *Die Entstehungsgeschichte von Lessings beiden letzten Prosaschriften*, 1218.

107 Zur Geschichte des Illuminatenordens siehe: Helmut Reinalter (Hg.): *Der Illuminaten-Orden (1776–1787/93). Ein politischer Geheimbund der Aufklärungszeit*, Frankfurt/M. 1997. Darin insbesondere: Ludwig Hammermayer: *Illuminaten in Bayern. Zu Geschichte, Fortwirken und Legende des Geheimbunds*. In: A.a.O., 21–77. Sowie: Friedrich John Böttner:

Die Spätaufklärung und die Illuminaten. In: *Quatuor Coronati. Jahrbuch für Freimaurerforschung* 23/1986, 115–139. Richard Dülmen: *Der Geheimbund der Illuminaten. Darstellung, Analyse, Dokumentation*, Stuttgart Bad-Cannstatt 1975.

108 Vgl. Michael Voges: *Aufklärung und Geheimnis. Untersuchungen zur Vermittlung von Literatur- und Sozialgeschichte am Beispiel der Aneignung des Geheimbundmaterials im Roman des späten 18. Jahrhunderts*, Tübingen 1987, 126f. Siehe dazu auch: Wolfgang Albrecht & Christoph Weiß: *Einleitende Bemerkungen zur Beantwortung der Frage: Was heißt Gegenaufklärung?* In: Christoph Weiß (Hg.) in Zusammenarbeit mit Wolfgang Albrecht: *Von »Obscuranten« und »Eudämonisten«. Gegenaufklärerische, konservative und antirevolutionäre Publizisten im späten 18. Jahrhundert*, St. Ingbert 1997, 7–34.

109 Augustin Barruel: *Denkwürdigkeiten zur Geschichte des Jakobinismus*, Bd. 1, Hannover 1800, 6 (Original: Augustin Barruel: *Mémoires pour servir a l'histoire du jacobinisme*. 4 Bde. London u.a. 1797–1799).

110 Helmut Reinalter: *Die Weltverschwörer. Was Sie eigentlich alles nie erfahren sollten*, Salzburg 2010, 37f. Dazu auch: Jean-Jacques Langendorf (Hg.): *Pamphletisten und Theoretiker der Gegenrevolution (1789–1799)*, München 1989, 38.

111 Vgl. Lennhoff, Posner & Bindner: *Internationales Freimaurer-Lexikon*, 411 (Lemma »Illuminaten«).

112 Marquis de Luchet: *Essai sur la secte des illuminés*, Paris 1798, V u. XII.

113 Siehe Auguste Viatte: *Les sources occultes du romantisme. Illuminisme, Théosophie 1770–1820*. 2 Bde. Paris 1928, Bd. 1, 245–251 sowie 316.

114 Henri Grégoire: *Histoire des sectes religieuses qui sont nées, se sont modifiées, se sont éteintes dans les différentes contrées du globe, depuis le commencement du siècle dernier jusqu'à l'époque actuelle*. 6 Bde. Paris 1828/29, Bd. 2, 17.

115 Umberto Eco: *Fiktive Protokolle*. In: Ders.: *Verschwörungen. Eine Suche nach Mustern*. Übers. M. Kempter u. B. Kroeber. München 2021, 35–69; hier: 41. Dort auch eine Schilderung der weiteren historischen Entwicklung zentraler Motive des Verschwörungsdenkens, wie sie dann in die *Protokolle der Weisen von Zion* eingingen.

116 Henry Makow: *Illuminati: The Cult that Hijacked the World* (3. Aufl.), Winnipeg 2011 (Übers. D.A.).

117 Roland Barthes: *Der Mythos heute*. In: Ders.: *Mythen des Alltags*. Übers. Horst Brühmann. Berlin 2010 (1957), 249–316; hier: 280.

118 Vgl. Michael Butter, Ute Caumanns, Bernd-Stefan Grewe, Johannes

Großmann & Johannes Kuber: *Verschwörungsdenken in Geschichte und Gegenwart. Zur Einführung*. In: Johannes Kuber, Michael Butter, Ute Caumanns, Bernd-Stefan Grewe & Johannes Großmann (Hg.): *Von Hinterzimmern und geheimen Machenschaften. Verschwörungstheorien in Geschichte und Gegenwart* (Im Dialog. Beiträge aus der Akademie der Diözese Rottenburg-Stuttgart, 3/2020), 5–24; hier: 21f.

119 A.a.O., 21.

120 Eines unter vielen Beispielen ist der große Erfolg der QAnon-Verschwörungstheorie in den USA, beileibe nicht nur ein Phänomen minderbemittelter Fly-Over-State-Bewohner, wie das gerne behauptet wird: »As many as 18 QAnon-supporting candidates for Congress will compete in November's general election, with two QAnon-supporting gubernatorial candidates and two QAnon-supporting candidates for secretary of state, based on analyses from Grid and Media Matters. Including people who lost their primaries, QAnon candidates made the ballot in 26 states in the 2022 elections, and they have raised more than $20 million« (Melissa Gira Grant: *QAnon Goes to Washington, Again: There are over 20 Q-friendly candidates running for Congress or statewide office this fall*. In: The New Republic vom 18.8.2022 [https://newrepublic.com/article/167437/qanon-goes-washington; Zugriff 23.8.2022]).

121 Alexander Mitscherlich: *Aggression und Anpassung I*. In: *Psyche – Zeitschrift für Psychoanalyse und ihre Anwendungen* 10/1956, 177–193; hier: 178.

122 A.a.O., 178. Die Diskussion der sozialpsychologischen Einschätzung von Angst und Aggression führt Mitscherlich weiter in: Alexander Mitscherlich: *Aggression und Anpassung II*. In: *Psyche – Zeitschrift für Psychoanalyse und ihre Anwendungen* 12/1958, 523–537, sowie in: Alexander Mitscherlich: Psychoanalyse und die Aggression großer Gruppen. In: *Psyche – Zeitschrift für Psychoanalyse und ihre Anwendungen* 25/1971, 463–475.

123 Vgl. Boris Holzer: *Zwischen Protest und Parodie: Strukturen der »Querdenken«-Kommunikation auf Telegram (und anderswo)*. In: Sven Reichardt (Hg.): *Die Misstrauensgemeinschaft der »Querdenker«*, Frankfurt/M., New York 2021, 125–158; hier: 150.

124 Theodor W. Adorno: *Kierkegaard. Konstruktion des Ästhetischen*. Gesammelte Schriften Bd. 2. Frankfurt/M. 1997, 229.

125 Horkheimer & Adorno: *Dialektik der Aufklärung*, 54.

126 Julien Coupat et al.: *Choses Vues* erschien zeitgleich in den September-Ausgaben der Zeitschriften *Terrestres. Revues des livres, des idées et des écologies* und in *Reporterre. Le quotidien de l'écologie*: Siehe: https://www.terrestres.org/2020/09/04/choses-vues/ (Zugriff 6.8.2022) sowie: https://reporterre.

net/Covid-choses-vues (Zugriff 6.8.2022). Eine deutsche Übersetzung erschien in: *Die Aktion 4.0. Organ für radikale Intelligenz* unter dem Titel »Wir haben gesehen«: http://olaf.bbm.de/nummer-13-julien-coupat-wir-haben-gesehen (Zugriff 6.8.2022).

127 Jürgen Habermas: *Strukturwandel der Öffentlichkeit. Untersuchungen zu einer Kategorie der bürgerlichen Gesellschaft*, Frankfurt/M. 1990, 228.

128 A.a.O., 228.

129 Ebd.

130 Auflösungserscheinungen des bürgerlichen Staates und die aus ihnen folgenden Formen gesellschaftlicher (Des-)Organisation zeigt und diskutiert: Wolfgang Pohrt: *Brothers in Crime. Die Menschen im Zeitalter ihrer Überflüssigkeit. Über die Herkunft von Gruppen, Cliquen, Banden, Rackets und Gangs*, Berlin 2000.

131 Eine Untersuchung verschiedener verschwörungstheoretischer Ansätze zur Erklärung komplexer wirtschaftlicher Prozesse bietet: David Leiser, Nofar Duani & Pascal Wagner-Egger: *The conspiratorial style in lay economic thinking*. In: *PLoS One* 12(3)/2017, e0171238 (DOI:10.1371/journal.pone.0171238).

132 Vincent Fröhlich & Michael Mertes: *# Der neue Konspirationismus. Wie digitale Plattformen und Fangemeinschaften Verschwörungserzählungen schaffen und verbreiten*, Marburg 2022, 88. Man kann von einer grundsätzlichen »Ambiguitätsintoleranz« sprechen, die sich bei allen Verschwörungserzählungen beobachten lässt (dazu: Thomas Bauer: *Die Vereindeutigung der Welt: Über den Verlust an Mehrdeutigkeit und Vielfalt*, Ditzingen 2018, 15).

133 Eine kurze Benennung wesentlicher Charakteristika von Verschwörungstheorien z.B. bei: Michael Barkun: *The nature or conspiracy belief*. In: *Culture of Conspiracy. Apocalyptic Visions in Contemporary America*, Berkeley 2013, 1–14. Geoffrey Cubitt: Conspiracy myths and conspiracy theories. In: *Journal of Anthropological Society of Oxford* 20(1)/1989, 2–16.

134 Umberto Eco: *Komplotte, Verschwörungen, Konspirationen*. In: Ders.: *Verschwörungen. Eine Suche nach Mustern*. Übers. M. Kempter u. B. Kroeber. München 2021, 7–34; hier: 14.

135 Vgl. Max Horkheimer: *Traditionelle und kritische Theorie*. In: Ders.: *Traditionelle und kritische Theorie. Fünf Aufsätze*, Ffm. 1992, 205–261; hier: 214.

136 Vgl. Karl Marx: *Das Kapital. Kritik der politischen Ökonomie. Erster Band*. MEW Bd. 23. Berlin (DDR) 1962, 168f.

137 A.a.O., 169.

138 A.a.O., 168f.

139 Thomas Pynchon: *Gravity's Rainbow*, New York 1973, 587.

140 Robert Shea & Robert Anton Wilson: *The Illuminatus! Trilogy* (*The Eye in the Pyramid, The Golden Apple, Leviathan*), London 1998. Einer der beiden Autoren der *Illuminatus*-Trilogie gab Jahrzehnte nach dem Verfassen der Trilogie auch ein Lexikon zu Verschwörungstheorien heraus – diesmal ein ernst gemeintes Projekt –, das jedoch nicht wirklich brauchbar, u.a. weil sehr ungenau ist: Robert Anton Wilson: *Everything is under Control. Conspiracies, Cults, and Cover-ups*, San Francisco 1998 (dt.: *Das Lexikon der Verschwörungstheorien. Verschwörungen, Intrigen, Geheimbünde*, München 2002).

141 Dan Brown: *Angels & Demons*, New York 2000.

142 Dan Brown: *The Da Vinci Code,* New York 2003 (dt.: *Sakrileg. Thriller.* Übers. P. van Poll. Bergisch Gladbach 2004).

143 Henry Lincoln, Michael Baigent & Richard Leigh: *The Holy Blood and the Holy Grail*, London 1982 (dt.: Henry Lincoln, Michael Baigent & Richard Leigh: *Der heilige Gral und seine Erben. Ursprung und Gegenwart eines geheimen Ordens. Sein Wissen und seine Macht,* Bergisch Gladbach 1984).

144 Eco: *Komplotte, Verschwörungen, Konspirationen*, 27.

145 Vgl. Katharina Thalmann: *The Stigmatization of Conspiracy Theory since the 1950s: »A plot to make us look foolish«*, Abingdon, Oxon, New York 2019, 12.

146 Vgl. Michael Butter: *Conspiracy Theories in Film and Television*. In: Michael Butter & Peter Knight (Hg.): *Routledge Handbook of Conspiracy Theories*, London, New York 2020, 457–468; hier: 459.

147 Michael Butter: *Plots, Designs, and Schemes: American Conspiracy Theories from the Puritans to the Present*, Berlin 2014, 59f.

148 Thomas Pynchon: *The Crying of Lot 49*, London 1979, 114.

149 Vgl. A.S. Wisnicki: *Conspiracy, Revolution, and Terrorism from Victorian Fiction to the Modern Novel*, London 2008, 2f.

150 Vgl. Butter: *Conspiracy Theories in Film and Television*, 460.

151 Vgl. a.a.O., 461.

152 Vgl. Barry Langford: *Post-classical Hollywood: Film Industry, Style and Ideology since 1945*, Edinburgh 2010, 134.

153 Brian Truitt: *Spoilers! How the bonkers ending of ›The Hunt‹ hinges on misinformation – and one epic ›whoops‹*. In: *USA Today* vom 14.3.2020 (https://eu.usatoday.com/story/entertainment/movies/2020/03/14/the-hunt-spoilers-whoops-heres-how-controversial-movie-ends/5031137002/; Zugriff 5.4.2023).

154 Siehe dazu die Reihe »Die Logik der Angst: Images des Paranoia-Kinos«, die im Filmmagazin *Splatting Image* erschien, so etwa in: *Splatting Image – Das Magazin für den unterschlagenen Film* 31/Sept. 1997.

155 Ein Überblick dazu im Thread *Ghost in the Shell (manga)* in: *Anime News Network* (https://www.animenewsnetwork.com/encyclopedia/manga.php?id=1590; Zugriff 5.4.2023).

156 Joyce Chen: *Beyoncé and the Illuminati: Music's Most WTF Conspiracy Theories, Explained.* In: *Rolling Stone* vom 9.10.2017 (https://www.rollingstone.com/music/music-news/beyonce-and-the-illuminati-musics-most-wtf-conspiracy-theories-explained-119376/; Zugriff 4.4.2023).

157 Beyoncé: *Formation.* Track 12 auf *Lemonade*, Erscheinungsdatum 6.2.2016 (https://genius.com/Beyonce-formation-lyrics; Zugriff 18.10.2022).

158 Steven J. Horovitz: *What's Behind Hip Hop's Illuminati Music Obsession?* In: *Complex* vom 1.8.2017 (https://www.complex.com/music/hip-hop-illuminati-obsession; Zugriff 8.4.2023).

159 Prodigy of Mobb Deep: *Illuminati.* Track 4 auf *H.N.I.C. Pt. 2* (Collectors Edition), Erscheinungsdatum 22.4.2008 (https://genius.com/Prodigy-of-mobb-deep-illuminati-lyrics; Zugriff 9.4.2023).

160 Self Provoked: *Supposedly.* Track 7 auf *Triangles*, Erscheinungsdatum 28.10.2016 (https://genius.com/Self-provoked-supposedly-lyrics; Zugriff 21.5.2023).

161 Self Provoked: *Tick Tick.* Track 2 auf *Flavors*, Erscheinungsdatum 7.7.2017 (https://genius.com/Self-provoked-tick-tick-lyrics; Zugriff 17.6.2023).

162 Ebd. »Angle« ist hier doppeldeutig: Zum einen meint es den Winkel, in dem die Pyramiden gebaut sind, aus dem das allsehende Auge Gottes im entsprechenden Symbol schaut; zum anderen ist »angle« ein Begriff aus dem Battle-Rap und meint hier die Perspektive des Angriffs auf den Gegner. Self Provoked setzt seinen Angriff hier also an der angeblichen »consciousness« an, die er als Schwachsinn entlarvt (»uh huh« kommentiert er die Verse »Supposedly, I'm supposed to be / Scared of a triangle with an eye inside« seiner Hook).

163 Siehe dazu: Eric J. Sundquist: *Strangers in the Land: Blacks, Jews, Post-Holocaust America,* Cambridge, MA 2005, 89: »The culmination of the Nation of Islam's misguided and preposterous camping of anti-Semitism was *The Secret Relationship between Blacks and Jews* (1991), an incendiary work of pseudo-scholarship that held Jews largely responsible for slavery and the slave-trade. (Contrary to the Nation of Islam's diatribe, Jews were responsible for perhaps 2 percent of slaves imported to the New World,

made up durung the era of American slavery only one tenth of 1 percent of plantation owners, and were outnumbered fifteen to one by free persons of of color owning slaves in America.)«

164 Milton William Cooper: *Behold a Pale Horse*, Flagstaff, Arizona 1991. Siehe darin besonders das Kapitel 2: »Secret Societies and the New World Order«.

165 Mark Jacobson: *The Granddaddy of American Conspiracy Theorists*. In: *Rolling Stone* vom 22.8.2018 (https://www.rollingstone.com/politics/politics-features/william-cooper-conspiracy-theory-711469/; Zugriff 8.4.2023).

166 Dazu: Travis L. Gosa: *Counterknowledge, racial paranoia, and the cultic milieu: Decoding hip hop conspiracy theory*. In: *Poetics* 39(3)/2011, 187–204.

167 Rejjie Snow ft. Jesse James Solomon: *USSR*. Track 3 auf *Rejovich EP*; Erscheinungsdatum 24.6.2013 (https://genius.com/Rejjie-snow-ussr-lyrics; Zugriff 6.4.2023).

168 Zit. nach: Steven J. Horovitz: *What's Behind Hip Hop's Illuminati Music Obsession?* In: *Complex* vom 1.8.2017 (https://www.complex.com/music/hip-hop-illuminati-obsession; Zugriff 8.4.2023).

169 Kollegah: *Armaggedon* (2013; https://genius.com/Bosshafte-beats-and-kollegah-armageddon-lyrics; Zugriff 27.6.2023).

170 Ebd.

171 Kollegah: *Apokalypse* (2016; https://genius.com/Kollegah-apokalypse-annotated; Zugriff 8.4.2023).

172 Ebd.

173 Siehe z.B. https://genius.com/search?q=illuminati (Zugriff 5.4.2023).

174 Hans-Otto Hügel: *Ästhetische Zweideutigkeit der Unterhaltung. Eine Skizze ihrer Theorie*. In: *montage AV. Zeitschrift für Theorie und Geschichte audiovisueller Kommunikation* 2(1)/1993), 119–141; hier: 128.

175 »Die einzelnen narrativen Fragmente weisen eine hohe Kompatibilität untereinander auf und können so vom jeweiligen Rezipienten mit anderen narrativen Fragmenten verbunden werden. Es liegt ein Bausatz aus Versatzstücken vor« (Fröhlich & Mertes: *# Der neue Konspirationismus*, 39). Fröhlichs und Mertes' Buch bietet eine Untersuchung dieser Funktionsweise von Verschwörungserzählungen. Hauptthese dabei ist, dass »im Umkreis von Verschwörungsnarrativen Erzählgemeinschaften [entstehen], deren Mitglieder sich nicht nur rezeptiv verhalten, sondern die Fortentwicklung des Narrativs durch eigene Beiträge aktiv betreiben. Die Kompatibilität dieser Beiträge untereinander lässt eine Art Superserie entstehen, die zum Teil durch erzählerisch-handwerkliche Tricks, zum Teil durch die Eigendynamik digitaler Plattformen gefördert wird« (a.a.O., 10).

176 Hügel, *Ästhetische Zweideutigkeit der Unterhaltung*, 130.

177 A.a.O., 131.

178 Siehe dazu das Kapitel »Kulturindustrie: Aufklärung als Massenbetrug« in: Max Horkheimer & Theodor W. Adorno: *Dialektik der Aufklärung. Philosophische Fragmente*. Gesammelte Schriften Bd. 3. Frankfurt/M. 1997, 1414–191.

179 Wolfgang Iser: *Die Appellstruktur der Texte. Unbestimmtheit als Wirkungsbedingung literarischer Prosa*. In: Rainer Warning (Hg.): *Rezeptionsästhetik. Theorie und Praxis*, München 1975, 228–252; hier: 249.

180 A.a.O., 229.

181 »Damit ist nicht nur angezeigt, wie stark unsere Erfahrungen bei der Realisierung des Textes im Spiele sind, sondern auch, daß in diesem Vorgang immer etwas mit unseren Erfahrungen geschieht« (Iser: *Die Appellstruktur der Texte*, 233).

182 A.a.O., 234.

183 Alfred Lorenzer: *Sprachspiel und Interaktionsformen. Vorträge und Aufsätze zu Psychoanalyse, Sprache und Praxis*, Frankfurt/M. 1977, 75–101.

184 Wolfgang Iser: *Der implizite Leser. Kommunikationsformen des Romans von Bunyan bis Beckett*, München 1994 (1972), 344.

185 Erich Auerbach: *Mimesis. Dargestellte Wirklichkeit in der abendländischen Literatur*, Tübingen 2015 (1946).

186 Vgl. Albrecht Wellmer: *Versuch über Musik und Sprache,* München 2009, 86f.

187 Ruth Sonderegger: *Wie Kunst (auch) mit der Wahrheit spielt.* In: Andrea Kern & Ruth Sonderegger: *Falsche Gegensätze. Zeitgenössische Positionen zur philosophischen Ästhetik*, Frankfurt/M. 2002, 209–238; hier: 229.

188 Wellmer: *Versuch über Musik und Sprache*, 87.

189 Auerbach: *Mimesis,* 510.

190 Ebd.

191 Albrecht Koschorke: *Wahrheit und Erfindung. Grundzüge einer Allgemeinen Erzähltheorie*, Frankfurt/M. 2021, 80.

192 Vladimir Nabokov: *Signs and Symbols*. In: Ders.: *Collected Stories*, London 2016 (1965), 685–690.

193 A.a.O., 685.

194 Ebd.

195 Vladimir Nabokov: *Selected Letters 1940–1977*. Hg. von Dmitri Nabokov & Matthew J. Bruccoli. San Diego 1989, 117.

196 Eine Zusammenstellung verschiedener Interpretationsansätze bietet: Yuri Leving (Hg.): *Anatomy of a Short Story. Nabokov's Puzzles, Codes, Signs and Symbols*, London 2012.

197 William G. Niederland: *Folgen der Verfolgung. Das Überlebenden-Syndrom. Seelenmord*, Frankfurt/M. 1980.

198 Kurt R. Eissler: *Die Ermordung von wievielen seiner Kinder muß ein Mensch symptomfrei ertragen können, um eine normale Konstitution zu haben?* In: *Psyche. Zeitschrift für Psychoanalyse und ihre Anwendungen* 17(5)/1963, 241–291.

199 Nabokov: *Signs and Symbols*, 688.

200 A.a.O., 686f.

201 Diese Linie der Interpretation hat eröffnet: William Carroll: *Nabokov's »Signs and Symbols«*. In: Carl R. Proffer (Hg.): *A Book of Things About Vladimir Nabokov*, Ann Arbor, Michigan 1974, 203–217. Weitergeführt wurde diese Interpretationslinie u.a. von: Paul Rosenzweig: *The Importance of Reader Response in Nabokov's »Sign and Symbols«*. In: *Essays in Literature* 7/1980, 255–260. Larry R. Andrews: *Deciphering »Sign and Symbols«*. In: J. E. Rivers & Charles Nicol (Hg.): *Nabokov's Fifth Arc: Nabokov and Others on His Life's Work*, Austin 1982, 139–152. David H. Richter: *Narrative Entrapment in »Pnin« and »Sign and Symbols«*. In: *Papers on Language and Literature* 20/1984, 418–430. Zu einem selbst verrückten System verrückten, beziehungswahnhaften Lesens verabsolutiert wurde diese Interpretationslinie u.a. von: Irving Malin: *Reading Madly*. In: Steven G. Kellman & Irving Malin (Hg.): *Torpid Smoke: The Stories of Vladimir Nabokov*, Amsterdam, Atlanta 2000, 219–227.

202 Eine präzise, faszinierende Interpretation der Erzählung Nabokovs ebenso wie eine Zurückweisung der modischen freidrehenden Lektüren bietet: Alexander Dolinin: *The Signs and Symbols in Nabokov's »Signs and Symbols«*. In: Yuri Leving (Hg.): *Anatomy of a Short Story. Nabokov's Puzzles, Codes, Signs and Symbols*, London 2012, 257–269. Am Ende des Aufsatzes heißt es: »In the final analysis, the inner scheme of ›Signs and Symbols‹ is, *mutatis mutandis*, similar to that of ›The Vane Sisters‹, though the earlier text is much more dramatic and artistically complex. While ›The Vane Sisters‹ seems to have been composed for the sake of an elegant puzzle, the elegant riddle in ›Signs and Symbols‹ was composed for the sake of the narrative. Discovering and solving it does not undermine existing ethical, historicist and psychological interpretations but challenges stale clichés of reader-response criticism. Those who refuse to look for a hidden closure

beneath the deceptive openness of ›Signs and Symbols‹ are more guilty of a ›referential mania‹ than their opponents because they, like the insane boy, believe that everything in the world created by Nabokov refers to them and they are free to project their own doubts, uncertainties, and fears upon it. As ›clouds in the staring sky‹ do not ›transmit to one another‹ any information regarding the deranged boy, so Nabokov's texts with an ›inside‹ do not refer to the smug, theory-clad critic – but only to themselves and their creator, though they do allow a ›peep unto glory‹ for the reader who is ready to accept and obey the rules of their game« (a.a.O., 269).

203 Iser: *Die Appellstruktur der Texte. Unbestimmtheit als Wirkungsbedingung literarischer Prosa*, 249.

204 Koschorke: *Wahrheit und Erfindung. Grundzüge einer Allgemeinen Erzähltheorie*, 80.

205 Vgl. Iser: *Der Akt des Lesens*, 280–315, insbes. 284: »Leerstellen [...] bezeichnen [...] die Besetzbarkeit einer bestimmten Systemstelle im Text durch die Vorstellung des Lesers. Statt einer Komplettierungsnotwendigkeit zeigen sie eine Kombinationsnotwendigkeit an. Denn erst wenn die Schemata des Textes aufeinander bezogen werden, beginnt sich der imaginäre Gegenstand zu bilden, und diese vom Leser geforderte Operation besitzt in den Leerstellen ein zentrales Auslösemoment. Durch sie ist die im Text ausgesparte Anschließbarkeit seiner Segmente signalisiert. Folglich verkörpern sie die ›Gelenke des Textes‹, denn sie funktionieren als die ›gedachten Scharniere‹ der Darstellungsperspektiven und erweisen sich damit als Bedingungen der jeweiligen Anschließbarkeit der Textsegmente aneinander. Indem die Leerstellen eine ausgesparte Beziehung anzeigen, geben sie die Beziehbarkeit der bezeichneten Positionen für die Vorstellungsakte des Lesers frei; sie ›verschwinden‹, wenn eine solche Beziehung vorgestellt wird.«

206 Iser: *Der Akt des Lesens*, 322f.

207 Nabokov: *Signs and Symbols*, 690.

208 Diese Deutung entnehme ich dem bereits zitierten Aufsatz von Alexander Dolinin: *The Signs and Symbols in Nabokov's »Signs and Symbols«*, 265ff.

209 Vgl. ebd.

210 Vladimir Nabokov: *Pale Fire*, 2000 (1962) (dt. Übersetzung: Vladimir Nabokov: *Fahles Feuer. Gesammelte Werke* Bd. X, Reinbek 2008).

211 Priscilla Meyer: *Find What the Sailor Has Hidden: Vladimir Nabokov's »Pale Fire«*, Middletown, Connecticut 1989.

212 Alvin B. Kernan: *Reading Zemblan: The Audience Disappears in »Pale Fire«* (Reprint; ursprünglicher Titel: *The Imaginary Library: An Essay on*

Literature and Society). In: Harold Bloom (Hg.): *Vladimir Nabokov*, New York 1987, 101–126.

213 Julian Moynahan: *Vladimir Nabokov*, Minnesota 1971, 40–45.

214 Roberto Bolaño: *4666*. Roman. Übers. Ch. Hansen. München 2009.

215 Norman Mailer: *Harlot's Ghost. A Novel*, New York 1991.

216 Don DeLillo: *Libra*, New York 1988.

217 Eco: *Komplotte, Verschwörungen, Konspirationen*, 8.

218 Ebd.

219 Vgl. Ute Caumanns & Andreas Onnerfors: *Conspiracy Theories and Visual Culture*. In: Michael Butter & Peter Knight (Hg.): *Routledge Handbook of Conspiracy Theories*, London, New York 2020, 441–456; hier: 444.

220 Michael Butter: *»Nichts ist, wie es scheint«. Über Verschwörungstheorien*, Frankfurt/M. 2018, 60. Eine Untersuchung der Narrativität von Verschwörungstheorien bei: Mark Fenster: *Conspiracy Theories. Secrecy and Power in American Culture*, Minneapolis 2008 (bes. 119–140).

221 Siehe dazu: Michael Balint: *Angstlust und Regression*. Mit einer Studie von Enid Balint. Aus dem Englischen von Konrad Wolff unter Mitarbeit von Alexander Mitscherlich u. Michael Balint, Stuttgart 2017 (1960), bes. 17–48.

222 Vgl. Immanuel Kant: *Kritik der reinen Vernunft*. Werkausgabe Bd. III & IV. Hg. von Wilhelm Weischedel. Frankfurt/M. 2000 (1787), B XVI.

223 A.a.O., A 380.

224 Vgl. Immanuel Kant: *Träume eines Geistersehers, erläutert durch Träume der Metaphysik*. Werkausgabe Bd. II: Vorkritische Schriften bis 1768. Hg. von W. Weischedel. Frankfurt/M. 2000 (1766), AA XVIII, 33–34.

225 Vgl. Kant: *Kritik der reinen Vernunft*, B 265–288/A 218–235.

226 Immanuel Kant: *Beantwortung der Frage: Was ist Aufklärung?* In: Ders.: Gesammelte Schriften. Hg. von der Königlich Preußischen Akademie der Wissenschaften. Bd. 8, Berlin, Leipzig 1923, 33–42; hier: 35 (das Original in: *Berlinische Monatsschrift* 4/1784, S. 481–494; Digitalisat des Originals unter https://www.deutschestextarchiv.de/book/view/kant_aufklaerung_1784?p=17; Zugriff 8.2.2023).

227 Siehe Kant: *Was heißt: Sich im Denken orientiren?*, 146: »[D]ie Maxime, jederzeit selbst zu denken, ist die Aufklärung.«

228 Mobile Beratung inforex gegen Rechtsextremismus in Rheinland-Pfalz: *Was sind Verschwörungstheorien? Themenblätter*, April 2020 (https://www.lks-bayern.de/fileadmin/user_upload/user_upload/news/2020/2020-04_INFOrex-Nr1-Web-1.pdf; Zugriff 17.6.2023).

229 Lukas Kapeller: *Die Unerhörten: Zu Besuch bei Österreichs Verschwörungsgläubigen*. In: *Der Standard* vom 22.8.2020 (https://www.derstandard.de/consent/tcf/story/2000119506304/die-unerhoerten-zu-besuch-bei-oesterreichs-verschwoerungsglaeubigen; Zugriff 22.8.2022).

230 Karl Hepfer: *Verschwörungstheorien. Eine philosophische Kritik der Unvernunft*, Bielefeld 2015, 12.

231 Zit. nach Robert Zimmermann: *Kant und der Spiritismus*, Wien 1879, 58.

232 Dazu: Friedemann Stengel (Hg.): *Kant und Swedenborg. Zugänge zu einem umstrittenen Verhältnis* (Bd. 38 der Reihe Hallesche Beiträge zur Europäischen Aufklärung), Tübingen 2008.

233 Immanuel Kant: *Versuch über die Krankheiten des Kopfes*. Werkausgabe II. Vorkritische Schriften bis 1768 2. Hg. von Wilhelm Weischedel. Frankfurt/M. 2000, 897.

234 Vgl. Constantin Rauer: *Wahn und Wahrheit. Kants Auseinandersetzung mit dem Irrationalen*, Berlin 2007, 132.

235 Immanuel Kant: *Anthropologie in pragmatischer Hinsicht*. Werkausgabe Bd. XII: Schriften zur Anthropologie, Geschichtsphilosophie, Politik und Pädagogik. Hg. von Wilhelm Weischedel. Frankfurt/M. 2000 (1798), 512–517/BA 124–129 u. 524–537/BA 138–153.

236 Vgl. Rauer: *Wahn und Wahrheit*, 132.

237 Kant: *Anthropologie in pragmatischer Hinsicht*, 530/BA 145.

238 Ebd.

239 A.a.O., 531/BA 146.

240 »Die Geschichte der Philosophie nach Kant ist die Geschichte eines Denkens ›nach Kant‹, weil es seinen transzendentalphilosophischen Ansatz zwar von Beginn an zu modifizieren, zu komplementieren oder zu korrigieren sucht, ihn jedoch nirgends ignorieren kann. Selbst der Versuch seiner Überbietung bleibt ihm verhaftet. Auch von der ›Revolution‹, die Kant im Denken ausgelöst hat, ist zu sagen, daß sie ›sich nicht mehr vergißt‹« (Walter Jaeschke & Andreas Arndt: *Die Klassische Deutsche Philosophie nach Kant. Systeme der reinen Vernunft und ihre Kritik 1785–1845*, München 2012, 17f.).

241 Luc Ferry & Alain Renaut: *Antihumanistisches Denken. Gegen die französischen Meisterphilosophen*. Übers. U. Bokelmann, München, Wien 1987, 41.

242 Ebd. Siehe dazu auch: Peter Dews: *Logics of Disintegration. Post-Structuralist Thought and the Claims of Critical Theory*, London 1987.

243 Zur Politik der Philosophie Heideggers siehe: Georges-Arthur Goldschmidt: *Heidegger et la langue allemande*, Paris 2016.

244 Siehe Claude Lévi-Strauss: *Anthropologie structurale*, Paris 1974, 254.

245 Siehe Ferdinand de Saussure: *Cours de linguistique générale*. Publié par Charles Bally et Albert Sechehaye, avec la collaboration de Albert Riedlinger. Edition critique préparée par Tullio de Mauro. Paris 1972, 24, 43, 106f. u.a.

246 Diese Geschichte beschreibt instruktiv: Manfred Frank: *Was ist Neostrukturalismus?* Frankfurt/M. 1983.

247 Louis Althusser: *Über die Beziehungen von Marx zu Hegel*. In: Ders.: *Lenin und die Philosophie*, Reinbek 1974, 47–68.

248 Niklas Luhmann: *Die Gesellschaft der Gesellschaft,* Frankfurt/M. 1997, 608.

249 Andreas Dammertz: *Die Theorie selbstreferentieller Systeme von Niklas Luhmann als konsequente Fortführung traditioneller erkenntnistheoretischer Ansätze*. Dissertation, Universität Duisburg 2001, 3f.

250 Dazu: Jaime Semprun: *Rive Gauche. Ein Pamphlet gegen die Meisterschwätzer*, Hamburg 1979.

251 Siehe Kevin Roose: *The jury's verdict won't stop the lies. The Shift*. In: *The New York Times* (International Edition) vom 8.8.2022, 8.

252 Dave Collins: *Alex Jones ordered to pay $965 million for Sandy Hook lies*. AP News vom 13.10.2022 (https://apnews.com/article/shootings-school-connecticut-conspiracy-alex-jones-3f579380515fdd6eb59f5bf0e3e1c08f?utm_source=substack&utm_medium=email; abgerufen am 13.10.2022).

253 Roose: *The jury's verdict won't stop the lies*.

254 Armin Pfahl-Traughber: *Die neue/alte Legende vom Komplott der Juden und Freimaurer. Zur Renaissance des antisemitisch-antifreimaurerischen Verschwörungsmythos in der Sowjetunion*. In: *Osteuropa* 41(2)/1991, 122–133. http://www.jstor.org/stable/44915643; hier: 122.

255 Ebd.

256 Vgl. ebd.

257 Roland Barthes: *Der Mythos heute*. In: Ders.: *Mythen des Alltags*. Übers. H. Brühmann. Berlin 2010 (1957), 249–316; hier: 277.

258 Vgl. a.a.O., 278.

259 A.a.O., 306.

260 A.a.O., 278.

261 A.a.O., 279.

262 A.a.O., 282.

263 A.a.O., 283.

264 A.a.O., 296.

265 A.a.O., 167.

266 Walter Schönau & Joachim Pfeiffer: *Einführung in die psychoanalytische Literaturwissenschaft*, Stuttgart, Weimar 2003, 48.

267 Sigmund Freud: *Der Witz und seine Beziehung zum Unbewußten* (1905). In: Ders.: *Studienausgabe*. Hg. von A. Mitscherlich, A. Richards, J. Strachey. Frankfurt/M. 2000, Bd. IV, 9–220; hier: 168.

268 A.a.O., 142.

269 Theodor Reik: *Künstlerisches Schaffen und Witzarbeit*. In: Jens Malte Fischer (Hg.): *Psychoanalytische Literaturinterpretation*, München 1980, 188–221; hier: 209.

270 »Es ist Bedingung für die Entstehung des Komischen, daß wir veranlaßt werden, *gleichzeitig oder in rascher Aufeinanderfolge* für die nämliche Vorstellungsleistung zweierlei verschiedene Vorstellungsweisen anzuwenden, zwischen denen dann die ›Vergleichung‹ statthat und die komische Differenz sich ergibt« (Freud: *Der Witz und seine Beziehung zum Unbewußten*, 217f.).

271 A.a.O., 219.

272 Reik: *Künstlerisches Schaffen und Witzarbeit*, 211. Reik betont noch einmal besonders das Soziale des Witzes und des Kunstwerkes: »Der Witz ist sozial wie das Kunstwerk; der Witzige begnügt sich nicht etwa damit, die Nichtswürdigkeit oder Nichtigkeit eines Objektes zu erkennen. Er strebt danach, sie Anderen mitzuteilen, seine Erkenntnis darzustellen« (a.a.O., 193).

273 »Wenn in der ganzen Ideologie die Menschen und ihre Verhältnisse wie in einer Camera obscura auf den Kopf gestellt erscheinen, so geht dies Phänomen ebensosehr aus ihrem historischen Lebensprozeß hervor, wie die Umdrehung der Gegenstände auf der Netzhaut aus ihrem unmittelbar physischen« (Karl Marx: *Die deutsche Ideologie. Kritik der neuesten deutschen Philosophie in ihren Repräsentanten Feuerbach, B. Bauer und Stirner und des deutschen Sozialismus in seinen verschiedenen Propheten*. In: Karl Marx-Friedrich Engels-Werke [MEW], Bd. 3, Berlin 1969, 5–530; hier: 26).

274 »[A]uf die Geschichte werden wir indes einzugehen haben, da fast die ganze Ideologie sich entweder auf eine verdrehte Auffassung dieser Geschichte oder auf eine gänzliche Abstraktion von ihr reduziert« (A.a.O., 18).

275 Barthes: *Der Mythos heute*, 267.

276 Georg Wilhelm Friedrich Hegel: *Phänomenologie des Geistes*. Werke Bd. 3. Frankfurt/M. 1986 (1807), 72.

277 Jennifer A. Whitson & Adam D. Galinsky: *Lacking Control Increases Illusory*

Pattern Perception. In: *Science* 322/2008, 115–117. Weitere Studien überprüften den Einfluss kultureller Faktoren auf die Wahrnehmung, Weisen der Reetablierung von Ordnung durch Aber- und Verschwörungsglauben, den Glauben an die Legitimität der soziopolitischen Institutionen sowie den Glauben an einen eingreifenden Gott; siehe: Cynthia S. Wang, Jennifer A. Whitson & Tanya Menon: *Culture, Control, and Illusory Pattern Perception*. In: *Social Psychological and Personality Science* 3(5)/2012, 630–638. Und: Aaron C. Kay, Jennifer A. Whitson, Danielle Gaucher & Adam D. Galinsky: *Compensatory Control. Achieving Order Through the Mind, Our Institutions, and the Heavens*. In: *Current Directions in Psychological Science* 18(5)/2009, 264–268. Sowie: Jennifer A. Whitson, Adam D. Galinsky & Aaron Kay: *The emotional roots of conspiratorial perceptions, system justification, and belief in the paranormal*. In: *Journal of Experimental Social Psychology* 56/2015, 89–95.

278 Whitson & Galinsky: *Lacking Control Increases Illusory Pattern Perception*, 115.

279 A.a.O., 117. Eine Reihe weiterer Studien bestätigten und erweiterten die Ergebnisse der Studie von Whitson & Galinsky, siehe etwa: Jan-Willem van Prooijen, Karen M. Douglas & Clara De Inocencio: *Connecting the dots: Illusory pattern perception predicts belief in conspiracies and the supernatural*. In: *European Journal of Social Psychology* 48(3)/2018, 320–335. In ihrer Conclusio schreiben die Autoren der Studie (a.a.O., 335), dass irrationale Überzeugungen mit der Verzerrung eines ansonsten normalen und funktionalen kognitiven Prozesses einhergingen, nämlich der Wahrnehmung von Mustern: »Menschen müssen vorhandene Muster erkennen, um in ihrer physischen und sozialen Umgebung gut zu funktionieren; dieser Prozess führt jedoch auch dazu, dass sie manchmal Muster in chaotischen oder zufällig erzeugten Reizen erkennen. […] Wir kommen zu dem Schluss, dass die Wahrnehmung illusorischer Muster ein zentraler kognitiver Bestandteil von Überzeugungen in Verschwörungstheorien und übernatürlichen Phänomenen ist« (Übers. D.A.).

280 Eco: *Komplotte, Verschwörungen, Konspirationen*, 12.

281 Horkheimer & Adorno: *Dialektik der Aufklärung*, 212.

282 A.a.O., 213f.

283 A.a.O., 225.

284 A.a.O., 213.

285 Ebd.

286 Vgl. ebd.

287 A.a.O., 220.

288 A.a.O., 221.

289 Vgl. a.a.O., 212.

290 A.a.O., 215.

291 Vgl. a.a.O., 213.

292 Richard Hofstadter: *The Paranoid Style in American Politics and Other Essays*, New York 1966, 35f.

293 Die entsprechende Verschwörungsliteratur ist uferlos. Geschmacksproben pars pro toto genügen; siehe etwa: Philip Gardiner: *Secret Societies: Gardiner's Forbidden Knowledge: Revelations About the Freemasons, Templars, Illuminati, Nazis, and the Serpent Cults*, Newburyport, MA, 2007. Jim Marrs: *The Illuminati: The Secret Society That Hijacked the World*, Canton, MI, 2017.

294 Siehe z.B.: Landesmedienzentrum Baden-Württemberg: *Wie kann man auf Verschwörungstheorien reagieren?* (https://www.lmz-bw.de/medienbildung/themen-von-f-bis-z/verschwoerungstheorien/wie-kann-man-auf-verschwoerungstheorien-reagieren/; Zugriff 14.6.2023). Bundesregierung.de: *Was tun, wenn Familie oder Freunde an Verschwörungsmythen glauben?* (https://www.bundesregierung.de/breg-de/themen/umgang-mit-desinformation/umgang-verschwoerungstheorien-1790886; Zugriff 14.6.2023).

295 Yvonne Dewerne: *Wenn im Freundeskreis der Alu-Hut rumgeht. Was tue ich, wenn Freunde oder die Familie an Verschwörungstheorien glauben?* In: *Esquire* vom 30.11.2021 (https://www.esquire.de/news/gesellschaft/corona-was-tue-ich-wenn-freunde-oder-familie-verschwoerungen-glaubt; Zugriff 22.8.2022).

296 Theodor W. Adorno: *Studien zum autoritären Charakter.* Übers. Milli Weinbrenner. Frankfurt/M. 1995 [1950], 121.

297 Robert Nozick: *Anarchy, State, and Utopia*, Oxford 1999 (1974), 19f.

298 Horkheimer & Adorno: *Dialektik der Aufklärung*, 218f.

299 Geschichte und Systematik von Antimasonismus und Antisemitismus umreißen die entsprechenden Lemmata in: Helmut Reinalter (Hg.): *Handbuch der Verschwörungstheorien*, Leipzig 2018. Zum Phänomen Verschwörungstheorien siehe ferner: Ute Caumanns & Mathias Niendorf (Hg.): *Verschwörungstheorien. Anthropologische Konstanten – historische Varianten*, Osnabrück 2002. Dieter Groh: *Die verschwörungstheoretische Versuchung, oder: Why do bad things happen to good people.* In: Ders.:

Anthropologische Dimensionen der Geschichte, Frankfurt/M. 1992, 267–306. Helmut Reinalter: *Die Weltverschwörer: Was Sie eigentlich alles nie erfahren sollten*, Salzburg 2010.

300 Dazu: Jeffrey L. Sammons (Hg.): *Die Protokolle der Weisen von Zion. Die Grundlage des modernen Antisemitismus. Eine Fälschung. Text und Kommentar*, Göttingen 2011. Eva Horn & Martin Hagemeister (Hg.): *Die Fiktion von der jüdischen Weltverschwörung. Zu Text und Kontext der »Protokolle der Weisen von Zion«*, Göttingen 2012. Zur geschichtlichen Entwicklung des Antisemitismus: Jacob Katz: *Vom Vorurteil zur Vernichtung. Der Antisemitismus 1700–1933*, München 1989. Johannes Heil: *»Gottesfeinde« – »Menschenfeinde«. Die Vorstellung von jüdischer Weltverschwörung (13. bis 16. Jahrhundert)*, Essen 2006.

301 Norman Cohn: *»Die Protokolle der Weisen von Zion.« Der Mythos der jüdischen Weltverschwörung*, Baden-Baden 1998, 42–46.

302 Alfred Rosenberg: *Der Mythus des 20. Jahrhunderts. Eine Wertung der seelisch-geistigen Gestaltenkämpfe unserer Zeit*, München 1935 (63.–66. Aufl.), 202f.

303 Zit. nach: Lennhoff et al.: *Internationales Freimaurer-Lexikon*, 531 (Lemma »Ludendorffs sieben Thesen«).

304 Binjamin Segel: *Die Protokolle der Weisen von Zion kritisch beleuchtet. Eine Erledigung (1924)*, Freiburg/Brsg. 2017.

305 A.a.O, 99.

306 Ebd.

307 A.a.O., 99–107.

308 Zur weiteren Entwicklung der Auseinandersetzung mit den *Protokollen* siehe: Michael Hagemeister: *Die »Protokolle der Weisen von Zion« vor Gericht. Der Berner Prozess 1933–1937 und die »antisemitische Internationale«*, Zürich 2017.

309 Alexander Stein: *Adolf Hitler. Schüler der »Weisen von Zion«*. Hg. u. eingeleitet von Lynn Ciminski u. Martin Schmitt. Freiburg/Brsg. 2011. Siehe dazu auch: Joachim Bruhn: *Die politische Ökonomie des Antisemitismus. Über die sogenannten Protokolle der Weisen von Zion*. In: *Sans Phrase. Zeitschrift für Ideologiekritik* 18/2021, 5–17. Sowie: Franziska Krah: *Die Bibel der Antisemiten. Geschichte und Gegenwart der Protokolle der Weisen von Zion*. In: Binjamin Segel: *Die Protokolle der Weisen von Zion kritisch beleuchtet. Eine Erledigung (1924)*, Freiburg/Brsg. 2017, 7–30.

310 Stein: *Adolf Hitler. Schüler der »Weisen von Zion«*, 54.

311 A.a.O., 74 (Stein zitiert hier Hitlers *Mein Kampf*).

312 A.a.O., 161.

313 Ebd.

314 Theodor Fritsch: *Handbuch der Judenfrage. Die wichtigsten Tatsachen zur Beurteilung des jüdischen Volkes*, Leipzig 1944, 104.

315 Max Domarus (Hg.): *Hitler. Reden und Proklamationen 1932–1945*, Bd 2. Würzburg/Neustadt 1963, 1056f.

316 Elke Fröhlich (Hg.): *Die Tagebücher von Joseph Goebbels*. Teil II, Bd. 2. München 1996, 498f. (Eintrag vom 13.12.1941).

317 Ebd.

318 Michael Reinprecht: *»Der Holocaust ist das Kainsmal unserer Zivilisation«*. Interview mit Dan Diner. Erschienen am 4.10.2022 in: *NU. Jüdisches Magazin für Politik und Kultur* (https://nunu.at/artikel/der-holocaust-ist-das-kainsmal-unserer-zivilisation/; Zugriff 27.3.2023).

319 Stein: *Adolf Hitler. Schüler der »Weisen von Zion«*, 161.

320 Hannah Arendt: *Antisemitismus und faschistische Internationale*. In: Eike Geisel (Hg.): *Hannah Arendt. Nach Auschwitz. Essays & Kommentare 1*. Berlin 1989, 31–48; hier: 33f. (kursiv D.A.).

321 Hannah Arendt: *Elemente und Ursprünge totaler Herrschaft*, Frankfurt/M. 1955, 601.

322 Den Witz ebenso wie seine Auslegung verdanke ich Jakob Hessing.

323 Eine Darstellung von Geschichte, Technik und Funktion des jiddischen Witzes, so brillant wie selbst witzig, bietet: Jakob Hessing: *Der jiddische Witz. Eine vergnügliche Geschichte*, München 2020.

324 Zu den Ländern der ehemaligen Sowjetunion siehe: Pfahl-Traughber: *Die neue/alte Legende vom Komplott der Juden und Freimaurer. Zur Renaissance des antisemitisch-antifreimaurerischen Verschwörungsmythos in der Sowjetunion*. Sowie: Ilya Yablokov: *Conspiracy Theories in Putin's Russia. The Case of the »New World Order«*. In: Michael Butter & Peter Knight (Hg.): *Routledge Handbook of Conspiracy Theories*, London, New York 2020, 582–595. Zu Ursprung und Entwicklung der Ideologie der 1928 in Ägypten gegründeten »Muslimbrüderschaft«, die die wichtigen Djihad-Bewegungen wie al-Quaida und Hamas maßgeblich geprägt hat, siehe: Matthias Küntzel: *Djihad und Judenhaß. Über den neuen antijüdischen Krieg*, Freiburg/Brsg. 2002.

325 Matthew Gray: *Conspiracy Theories in the Middle East*. In: Michael Butter & Peter Knight (Hg.): *Routledge Handbook of Conspiracy Theories*, London, New York 2020, 624–634; hier: 624 (Übers. D.A.).

326 Doğan Gurpınar & Turkay Salim Nefes: *Conspiracy Theories in Turkey*. In:

Michael Butter & Peter Knight (Hg.): *Routledge Handbook of Conspiracy Theories*, London, New York 2020, 610–623; hier: 615. Eine Analyse der jüngeren Geschichte und Politik der in der Türkei bietet: Justus Wertmüller: *Verschwörungen gegen das Türkentum. Der Weg der Türkei von der säkularen Erziehungsdiktatur zur islamistischen Volksdemokratie*, Berlin 2017.

327 Gurpınar & Nefes: *Conspiracy Theories in Turkey*, 615.

328 Zur Veränderung antisemitischer Verschwörungstheorien nach 9/11 siehe: Tobias Jaecker: *Antisemitische Verschwörungstheorien nach dem 11. September. Neue Varianten eines alten Deutungsmusters*, Münster 2004.

329 Dazu etwa: Daniel Pipes: *Verschwörung. Faszination und Macht des Geheimen*, München 1998, 214.

330 Brandenburgische Landeszentrale für politische Bildung: *Freimaurerei als Chiffre für »das Judentum«* (https://www.politische-bildung-brandenburg.de/themen/zwischen-den-graeben/freimaurerei-als-chiffre-fuer-das-judentum; Zugriff 3.4.2023).

331 Michael Blume im Gespräch mit Anne Françoise Weber: *Antisemitismus steckt in allen Verschwörungsmythen*. Sendung im *Deutschlandfunk Kultur* vom 14.4.2019 (https://www.deutschlandfunkkultur.de/religionswissenschaftler-michael-blume-antisemitismus-100.html; Zugriff 3.4.2023).

332 Zit. nach Felix Schilk: *Die illiberale Demokratie und ihre Feinde*. In: *iz3w – Informationszentrum 3. Welt* 371/2019, 28–31; hier: 30.

333 Brandenburgische Landeszentrale für politische Bildung: Lemma »Freimaurer« (https://www.politische-bildung-brandenburg.de/glossar/freimaurer; Zugriff 3.4.2023).

334 Theodor W. Adorno: *Minima moralia. Reflexionen aus dem beschädigten Leben*, Berlin, Frankfurt/M. 1951, 200.

335 Jean Laplanche & Jean-Bertrand Pontalis: *Vokabular der Psychoanalyse*, Frankfurt/M. 1977, 400.

336 Vgl. Robert D. Hinshelwood: *Wörterbuch der kleinianischen Psychoanalyse*. Übers. E. Vorspohl. Stuttgart 1993, 263.

337 Vgl. Wilfred R. Bion: *Erfahrungen in Gruppen und andere Schriften*. Übers. H.O. Rieble. Mit einem Vorwort von Hermann Beland. Stuttgart 1974, 108f. Projektion ist damit eine Art »psychischer ›Vergewaltigung‹ eines anderen Menschen« (Andrea Gysling: *Der stumme Schrei. Die Gegenübertragung als Abbild des Überwältigenden bei Bion*. In: *Luzifer-Amor. Zeitschrift für die Geschichte der Psychoanalyse* 15/1995, 84–108; hier: 99).

338 Laplanche & Pontalis: *Vokabular der Psychoanalyse*, 400.

339 A.a.O., 402.

340 Dazu: Elizabeth Bott Spillius, J. Milton, P. Garvey, C. Couve, & D. Steiner: *Internal objects.* In: Dies.: *The New Dictionary of Kleinian Thought*, London, New York 2011, 40–62. Donald Meltzer: *The Kleinian Expansion of Freudian Metapsychology.* In: *International Journal of Psychoanalysis* 62/1981, 177–185; hier bes.: 178. Sowie: Helm Stierlin: *Die Funktion innerer Objekte.* In: *Psyche. Zeitschrift für Psychoanalyse und ihre Anwendungen* 25/1971, 81–99.

341 Sigmund Freud: *Die Traumdeutung.* Studienausgabe Bd. II. Frankfurt/M. 2000 (1900a), 625.

342 Laplanche & Pontalis: *Vokabular der Psychoanalyse*, 425–427. J. A. Arlow: *The Concept of Psychic Reality and Related Problems.* In: *Journal of the American Psychoanalytic Association* 33/1985, 521–535. R.S. Wallerstein: *The Concept of Psychic Reality: Its Meaning and Value.* In: *Journal of the American Psychoanalytic Association* 33/1985, 555–569.

343 Adorno: *Studien zum autoritären Charakter*, 11.

344 A.a.O., 12.

345 A.a.O., 13.

346 Ebd.

347 Siehe dazu: Melanie Klein: *Some Theoretical Conclusions regarding the Emotional Life of the Infant* (1952b). In: *The Works of Melanie Klein.* Bd. 8: Envy and Gratitude and Other Works. Hg. von Roger Money-Kyrle, Betty Joseph, Edna O'Shaughnessy & Hanna Segal. London 1975, 61–94. Sowie: Melanie Klein: *Notes on some schizoid mechanisms.* In: *International Journal of Psycho-Analysis* 27/1946, 99–110.

348 Hinshelwood: *Wörterbuch der kleinianischen Psychoanalyse*, 562.

349 Wilfred Bion: *Attention and Interpretation*, London 1970, 65.

350 J. F. Clarkin, F. E. Yeomans & O.F. Kernberg: *Psychotherapie der Borderline-Persönlichkeit. Manual zur psychodynamischen Therapie*, Stuttgart 2008, 73. Siehe dazu auch: Otto F. Kernberg: *Narzißmus, Aggression und Selbstzerstörung: Fortschritte in der Diagnose und Behandlung schwerer Persönlichkeitsstörungen*, Stuttgart 2009, 234.

351 Adorno: *Studien zum autoritären Charakter*, 142.

352 Adorno & Horkheimer: *Dialektik der Aufklärung*, 215.

353 A.a.O., 225.

354 A.a.O., 217.

355 Theodor W. Adorno: *Thesen über Bedürfnis*. Gesammelte Schriften Bd. 8 (Soziologische Schriften I). Frankfurt/M. 1997, 392–396; hier: 392.

356 A.a.O., 393.

357 Adorno: *Studien zum autoritären Charakter*, 123.

358 Sigmund Freud: *Das Unbehagen in der Kultur*. Studienausgabe Bd. IX. Frankfurt/M. 2000 (1930a), 191–270.

359 Adorno & Horkheimer: *Dialektik der Aufklärung*, 215.

360 Sigmund Freud: *Die Verneinung*. Studienausgabe Bd. III. Frankfurt/M. 2000 (1925), 371–377; hier: 373f.

361 *Principia Discordia*, zit. nach: Adam Gorightly: *Historia Discordia: The Origins of the Discordian Society*, New York 2014, 25.

362 Robert Anton Wilson: *Cosmic Trigger I. Final Secret of the Illuminati*, Tempe 2000, 43f.

363 David G. McAfee & Yvette d'Entremont: *No Sacred Cows: Investigating Myths, Cults, and the Supernatural*, Durham 2017, 275.

364 Dave Sirus: Tweet vom 22.5.2014 (twitter.com/DaveSirus/status/469559708324356096; Zugriff 21.3.2023).

365 Greydon Square: *4th*. Track 2 auf dem Album *Type II: The Mandelbrot Set*, Veröffentlichung 14.10.2012 (https://genius.com/Greydon-square-4th-lyrics; Zugriff 4.7.2023).

LITERATUR

Adorno, Theodor W.: *Studien zum autoritären Charakter.* Übers. M. Weinbrenner. Frankfurt/M. 1995 (1950).

Adorno, Theodor W.: *Minima moralia. Reflexionen aus dem beschädigten Leben*, Berlin, Frankfurt/M. 1951.

Adorno, Theodor W.: *Kierkegaard. Konstruktion des Ästhetischen*. Gesammelte Schriften Bd. 2. Frankfurt/M. 1997.

Adorno, Theodor W.: *Thesen über Bedürfnis*. Gesammelte Schriften Bd. 8, Frankfurt/M. 1997, 392–396.

Albrecht, Wolfgang & Christoph Weiß: *Einleitende Bemerkungen zur Beantwortung der Frage: Was heißt Gegenaufklärung?* In: Christoph Weiß (Hg.) in Zusammenarbeit mit Wolfgang Albrecht: *Von »Obscuranten« und »Eudämonisten«. Gegenaufklärerische, konservative und antirevolutionäre Publizisten im späten 18. Jahrhundert*, St. Ingbert 1997, 7–34.

Althusser, Louis: *Über die Beziehungen von Marx zu Hegel.* In: Ders.: *Lenin und die Philosophie*, Reinbek 1974, 47–68.

Anderson, James: *The Constitutions Of The Free-Masons: Containing The History, Charges, Regulations etc. of that Most Ancient and Right Worshipful Fraternity: For the Use of the Lodges*, London 1723.

Anderson, James: *Neues Constitutionen-Buch der Alten und Ehrwürdigen Brüderschafft der Frey-Maurer, Worin die Geschichte, Pflichten, Reguln etc. derselben Auf Befehl der Grossen Loge Aus Ihren alten Urkunden, glaubwürdigen Traditionen und Logen-Büchern zum Gebrauch der Logen verfasset wurden von Jacob Anderson, DD.* Aus dem Englischen übersetzet, Franckfurt am Mayn 1741.

Andrews, Larry R.: *Deciphering »Sign and Symbols«.* In: J.E. Rivers & Charles Nicol (Hg.): *Nabokov's Fifth Arc: Nabokov and Others on His Life's Work*, Austin 1982, 139–152.

Angeloch, Dominic: *Kassiber möglicher Befreiung. Gotthold Ephraim Lessings »Gespräche für Freymäurer« im Prozess der Aufklärung als geschichtlicher Tat.* In: Dominic Angeloch & Ortrud Gutjahr (Hg.): *Freiburger literaturpsychologische*

Gespräche. Jahrbuch für Literatur und Psychoanalyse Bd. 41: *Gotthold Ephraim Lessing*, Würzburg 2023, 241–282.

Arendt, Hannah: *Antisemitismus und faschistische Internationale*. In: Eike Geisel (Hg.): *Hannah Arendt. Nach Auschwitz. Essays & Kommentare 1*, Berlin 1989, 31–48.

Arendt, Hannah: *Elemente und Ursprünge totaler Herrschaft*, Frankfurt/M. 1955.

Arlow, J.A.: *The Concept of Psychic Reality and Related Problems*. In: *Journal of the American Psychoanalytic Association* 33/1985, 521–535.

Assmann, Jan: *Religio duplex. Ägyptische Mysterien und europäische Aufklärung*, Berlin 2010.

Auerbach, Erich: *Mimesis. Dargestellte Wirklichkeit in der abendländischen Literatur*, Tübingen 2015 (1946).

Balint, Michael: *Angstlust und Regression*. Mit einer Studie von Enid Balint. Aus dem Englischen von Konrad Wolff unter Mitarbeit von Alexander Mitscherlich u. Michael Balint, Stuttgart 2017 (1960), bes. 17–48.

Barkun, Michael: *The nature or conspiracy belief*. In: *Culture of Conspiracy. Apocalyptic Visions in Contemporary America*, Berkeley 2013, 1–14.

Barruel, Augustin: *Denkwürdigkeiten zur Geschichte des Jakobinismus*, Bd. 1, Hannover 1800 (Original: Augustin Barruel: *Mémoires pour servir a l'histoire du jacobinisme*. 4 Bde. London u.a. 1797–1799).

Barthes, Roland: *Der Mythos heute*. In: Ders.: *Mythen des Alltags*. Übers. Horst Brühmann. Berlin 2010 (1957), 249–316.

Bauer, Alain, Roger Dachez & Yves Max Viton: *Le Livre de la franc-maçonnerie*, Paris 2019.

Bauer, Thomas: *Die Vereindeutigung der Welt: Über den Verlust an Mehrdeutigkeit und Vielfalt*, Ditzingen 2018.

Beyoncé: *Formation*. Track 12 auf dem Album *Lemonade*, Erscheinungsdatum 6.2.2016 (https://genius.com/Beyonce-formation-lyrics; Zugriff 18.10.2022).

Bion, Wilfred R.: *Attention and Interpretation*, London 1970.

Bion, Wilfred R.: *Erfahrungen in Gruppen und andere Schriften*. Übers. H.O. Rieble. Mit einem Vorwort von Hermann Beland. Stuttgart 1974.

Blume, Michael, im Gespräch mit Anne Françoise Weber: *Antisemitismus steckt in allen Verschwörungsmythen* (Sendung im *Deutschlandfunk Kultur* vom 14.4.2019; online abrufbar unter: https://www.deutschlandfunkkultur.de/religionswissenschaftler-michael-blume-antisemitismus-100.html; Zugriff 3.4.2023).

Bolaño, Roberto: *4666*. Roman. Übers. Ch. Hansen. München 2009.

Bott Spillius, Elizabeth, J. Milton, P. Garvey, C. Couve, & D. Steiner: *Internal objects.* In: Dies.: *The New Dictionary of Kleinian Thought*, London, New York 2011, 40–62.

Böttner, Friedrich John: *Die Spätaufklärung und die Illuminaten.* In: *Quatuor Coronati. Jahrbuch für Freimaurerforschung* 23/1986, 115–139.

Brandenburgische Landeszentrale für politische Bildung: *Freimaurerei als Chiffre für »das Judentum«* (https://www.politische-bildung-brandenburg.de/themen/zwischen-den-graeben/freimaurerei-als-chiffre-fuer-das-judentum; Zugriff 3.4.2023).

Brandenburgische Landeszentrale für politische Bildung: Lemma »Freimaurer« (https://www.politische-bildung-brandenburg.de/glossar/freimaurer; Zugriff 3.4.2023).

Brown Dan: *Angels & Demons*, New York 2000.

Brown, Dan: *The Da Vinci Code,* New York 2003 (dt.: *Sakrileg. Thriller.* Übers. P. van Poll. Bergisch Gladbach 2004).

Bruhn, Joachim: *Die politische Ökonomie des Antisemitismus. Über die sogenannten Protokolle der Weisen von Zion.* In: *Sans Phrase. Zeitschrift für Ideologiekritik* 18/2021, 5–17.

Buhle, Johann Gottlieb: *Ueber den Ursprung und die vornehmsten Schicksale der Orden der Rosenkreuzer und Freymaurer. Eine historisch-kritische Untersuchung*, Göttingen 1804.

Bundesregierung.de: *Was tun, wenn Familie oder Freunde an Verschwörungsmythen glauben?* (https://www.bundesregierung.de/breg-de/themen/umgang-mit-desinformation/umgang-verschwoerungstheorien-1790886; Zugriff 14.6.2023).

Butter, Michael: *Plots, Designs, and Schemes: American Conspiracy Theories from the Puritans to the Present*, Berlin 2014.

Butter, Michael: *»Nichts ist, wie es scheint«. Über Verschwörungstheorien*, Berlin 2018.

Butter, Michael: *Conspiracy Theories in Film and Television.* In: Michael Butter & Peter Knight (Hg.): *Routledge Handbook of Conspiracy Theories*, London, New York 2020, 457–468.

Butter, Michael & Maurus Reinkowski (Hg.): *Conspiracy Theories in the Middle East and the United States*, Berlin 2012.

Butter, Michael & Peter Knight (Hg.): *Routledge Handbook of Conspiracy Theories*, London, New York 2020.

Butter, Michael, Ute Caumanns, Bernd-Stefan Grewe, Johannes Großmann & Johannes Kuber: *Verschwörungsdenken in Geschichte und Gegenwart. Zur Einführung.* In: Johannes Kuber, Michael Butter, Ute Caumanns, Bernd-Stefan

Grewe & Johannes Großmann (Hg.): *Von Hinterzimmern und geheimen Machenschaften. Verschwörungstheorien in Geschichte und Gegenwart* (Im Dialog. Beiträge aus der Akademie der Diözese Rottenburg-Stuttgart, 3/2020), 5–24.

Carroll, William: *Nabokov's »Signs and Symbols«*. In: Carl R. Proffer (Hg.): *A Book of Things About Vladimir Nabokov*, Ann Arbor, Michigan 1974, 203–217.

Caumanns, Ute & Andreas Onnerfors: *Conspiracy Theories and Visual Culture*. In: Michael Butter & Peter Knight (Hg.): *Routledge Handbook of Conspiracy Theories*, London, New York 2020, 441–456.

Caumanns, Ute & Mathias Niendorf (Hg.): *Verschwörungstheorien. Anthropologische Konstanten – historische Varianten*, Osnabrück 2002.

Chen, Joyce: *Beyoncé and the Illuminati: Music's Most WTF Conspiracy Theories, Explained*. In: *Rolling Stone* vom 9.10.2017 (https://www.rollingstone.com/music/music-news/beyonce-and-the-illuminati-musics-most-wtf-conspiracy-theories-explained-119376/; Zugriff 4.4.2023).

Clarkin, J.F., F.E. Yeomans & O.F. Kernberg: *Psychotherapie der Borderline-Persönlichkeit. Manual zur psychodynamischen Therapie*, Stuttgart 2008.

Cohn, Norman: *»Die Protokolle der Weisen von Zion.« Der Mythos der jüdischen Weltverschwörung*, Baden-Baden 1998.

Collins, Dave: *Alex Jones ordered to pay $965 million for Sandy Hook lies*. AP News vom 13.10.2022 (https://apnews.com/article/shootings-school-connecticut-conspiracy-alex-jones-3f579380515fdd6eb59f5bf0e3e1c08f?utm_source=substack&utm_medium=email; Zugriff 13.10.2022).

Cooper, Milton William: *Behold a Pale Horse*, Flagstaff, Arizona 1991.

Coupat, Julien et al.: *Choses Vues*. Zeitgleich erschienen in den September-Ausgaben der Zeitschriften *Terrestres. Revues des livres, des idées et des écologies* und in *Reporterre. Le quotidien de l'écologie*: Siehe: https://www.terrestres.org/2020/09/04/choses-vues/ (Zugriff 6.8.2022) sowie: https://reporterre.net/Covid-choses-vues (Zugriff 6.8.2022). Dt. Übersetzung: *Die Aktion 4.0. Organ für radikale Intelligenz* unter dem Titel »Wir haben gesehen«: http://olaf.bbm.de/nummer-13-julien-coupat-wir-haben-gesehen (Zugriff 6.8.2022).

Coward, Barry & Julian Swann (Hg.): *Conspiracies and Conspiracy Theory in Early Modern Europe. From the Waldensians to the French Revolution*, Aldershot 2004.

Cubitt, Geoffrey: Conspiracy myths and conspiracy theories. In: *Journal of Anthropological Society of Oxford* 20(1)/1989, 2–16.

Dammertz, Andreas: *Die Theorie selbstreferentieller Systeme von Niklas Luhmann als konsequente Fortführung traditioneller erkenntnistheoretischer Ansätze*. Dissertation, Universität Duisburg 2001.

DeLillo, Don: *Libra*, New York 1988.

Dewerne, Yvonne: *Wenn im Freundeskreis der Alu-Hut rumgeht. Was tue ich, wenn Freunde oder die Familie an Verschwörungstheorien glauben?* In: *Esquire* vom 30.11.2021 (https://www.esquire.de/news/gesellschaft/corona-was-tue-ich-wenn-freunde-oder-familie-verschwoerungen-glaubt; Zugriff 22.8.2022).

Dews, Peter: *Logics of Disintegration. Post-Structuralist Thought and the Claims of Critical Theory*, London 1987.

Dolinin, Alexander: *The Signs and Symbols in Nabokov's »Signs and Symbols«*. In: Yuri Leving (Hg.): *Anatomy of a Short Story. Nabokov's Puzzles, Codes, Signs and Symbols*, London 2012, 257–269.

Domarus, Max (Hg.): *Hitler. Reden und Proklamationen 1932–1945*, Bd 2. Würzburg/Neustadt 1963.

Dülmen, Richard: *Der Geheimbund der Illuminaten. Darstellung, Analyse, Dokumentation*, Stuttgart Bad-Cannstatt 1975.

Eco, Umberto: *Fiktive Protokolle*. In: Ders.: *Verschwörungen. Eine Suche nach Mustern*. Übers. M. Kempter u. B. Kroeber. München 2021, 35–69.

Eco, Umberto: *Komplotte, Verschwörungen, Konspirationen*. In: Ders.: *Verschwörungen. Eine Suche nach Mustern*. Übers. M. Kempter u. B. Kroeber. München 2021, 7–34.

Eissler, Kurt R.: *Die Ermordung von wievielen seiner Kinder muß ein Mensch symptomfrei ertragen können, um eine normale Konstitution zu haben?* In: *Psyche. Zeitschrift für Psychoanalyse und ihre Anwendungen* 17(5)/1963, 241–291.

Fenster, Mark: *Conspiracy Theories. Secrecy and Power in American Culture*, Minneapolis 2008.

Ferry, Luc & Alain Renaut: *Antihumanistisches Denken. Gegen die französischen Meisterphilosophen*. Übers. U. Bokelmann. München, Wien 1987.

Frank, Manfred: *Was ist Neostrukturalismus?* Frankfurt/M. 1983.

Freud, Sigmund: *Das Unbehagen in der Kultur* (1930a). In: Ders.: Studienausgabe. Hg. von A. Mitscherlich, A. Richards, J. Strachey. Frankfurt/M. 2000, Bd. IX, 191–270.

Freud, Sigmund: *Der Witz und seine Beziehung zum Unbewußten* (1905). Studienausgabe Bd. IV, 9–220.

Freud, Sigmund: *Die Traumdeutung* (1900a). Studienausgabe Bd. II.

Freud, Sigmund: *Die Verneinung*. Studienausgabe Bd. III. Frankfurt/M. 2000 (1925), 371–377.

Fritsch, Theodor: *Handbuch der Judenfrage. Die wichtigsten Tatsachen zur Beurteilung des jüdischen Volkes*, Leipzig 1944.

Fröhlich, Elke (Hg.): *Die Tagebücher von Joseph Goebbels*. Teil II, Bd. 2. München 1996.

Fröhlich, Vincent & Michael Mertes: *# Der neue Konspirationismus. Wie digitale Plattformen und Fangemeinschaften Verschwörungserzählungen schaffen und verbreiten*, Marburg 2022.

Gardiner, Philip: *Secret Societies: Gardiner's Forbidden Knowledge: Revelations About the Freemasons, Templars, Illuminati, Nazis, and the Serpent Cults*, Newburyport, MA, 2007.

Ghost in the Shell (manga). In: *Anime News Network* (https://www.animenews network.com/encyclopedia/manga.php?id=1590; Zugriff 5.4.2023).

Godel, Rainer: *»Ob übrigens das, was ich aus diesen Blättern destilliret habe, ächtes Gold sey, wird sich zeigen«. Wielands Replik auf Ernst Anton von Göchhausens Kampf gegen die Aufklärung*. In: Jost Hermand & Sabine Mödersheim (Hg.): *Deutsche Geheimgesellschaften. Von der Frühen Neuzeit bis zur Gegenwart*, Weimar 2013, 31–57.

Goldschmidt, Georges-Arthur: *Heidegger et la langue allemande*, Paris 2016.

Goodman, Nelson: *Ways of Worldmaking*, Indianapolis, Cambridge 1978 (dt. *Weisen der Welterzeugung*. Übers. M. Looser. Frankfurt/M. 1998 [1978]).

Gorightly, Adam: *Historia Discordia: The Origins of the Discordian Society*, New York 2014.

Gosa, Travis L.: *Counterknowledge, racial paranoia, and the cultic milieu: Decoding hip hop conspiracy theory*. In: *Poetics* 39(3)/2011, 187–204.

Grant, Melissa Gira: *QAnon Goes to Washington, Again: There are over 20 Q-friendly candidates running for Congress or statewide office this fall*. In: The New Republic vom 18.8.2022 (https://newrepublic.com/article/167437/qanon-goes-washington; Zugriff 23.8.2022).

Gray, Matthew: *Conspiracy Theories in the Middle East*. In: Michael Butter & Peter Knight (Hg.): *Routledge Handbook of Conspiracy Theories*, London, New York 2020, 624–634.

Grégoire, Henri: *Histoire des sectes religieuses qui sont nées, se sont modifiées, se son éteintes dans les différentes contrées du globe, depuis le commencement du siècle dernier jusqu'à l'époque actuelle*. 6 Bde. Paris 1828/29.

Groh, Dieter: *Die verschwörungstheoretische Versuchung, oder: Why do bad things happen to good people*. In: Ders.: *Anthropologische Dimensionen der Geschichte*, Frankfurt/M. 1992, 267–306.

Groh, Dieter: *Verschwörungen und kein Ende*. In: *Kursbuch* 124/1996, 12–26.

Gurpınar, Doğan & Turkay Salim Nefes: *Conspiracy Theories in Turkey*. In: Michael Butter & Knight, Peter (Hg.): *Routledge Handbook of Conspiracy Theories*, London, New York 2020, 610–623.

Habermas, Jürgen: *Strukturwandel der Öffentlichkeit. Untersuchungen zu einer Kategorie der bürgerlichen Gesellschaft*, Frankfurt/M. 1990.

Hagemeister, Michael: *Die »Protokolle der Weisen von Zion« vor Gericht. Der Berner Prozess 1933–1937 und die »antisemitische Internationale«*, Zürich 2017.

Hasselmann, Kristiane, *Die Rituale der Freimaurer. Zur Konstitution eines bürgerlichen Habitus im England des 18. Jahrhunderts*, Bielefeld 2009.

Hegel, Georg Wilhelm Friedrich: *Phänomenologie des Geistes*. Werke Bd. 3. Frankfurt/M. 1986 (1807).

Hepfer, Karl: *Verschwörungstheorien. Eine philosophische Kritik der Unvernunft*, Bielefeld 2015.

Hessing, Jakob: *Der jiddische Witz. Eine vergnügliche Geschichte*, München 2020.

Hinshelwood, Robert D.: *Wörterbuch der kleinianischen Psychoanalyse*. Übers. E. Vorspohl. Stuttgart 1993.

Hivert-Messeca, Yves: *Encyclopédie de la franc-maçonnerie*, Paris 2008.

Hofstadter, Richard: *The Paranoid Style in American Politics and Other Essays*, New York 1966.

Holzer, Boris: *Zwischen Protest und Parodie: Strukturen der »Querdenken«-Kommunikation auf Telegram (und anderswo)*. In: Sven Reichardt (Hg.): *Die Misstrauensgemeinschaft der »Querdenker«*, Frankfurt/M., New York 2021, 125–158.

Horkheimer, Max & Theodor W. Adorno: *Dialektik der Aufklärung. Philosophische Fragmente*. Gesammelte Schriften Bd. 3. Frankfurt/M. 1997.

Horkheimer, Max: *Traditionelle und kritische Theorie*. In: Ders.: *Traditionelle und kritische Theorie. Fünf Aufsätze*, Ffm. 1992, 205–261.

Horn, Eva & Martin Hagemeister (Hg.): *Die Fiktion von der jüdischen Weltverschwörung. Zu Text und Kontext der »Protokolle der Weisen von Zion«*, Göttingen 2012.

Horovitz, Steven J.: *What's Behind Hip Hop's Illuminati Music Obsession?* In: *Complex* vom 1.8.2017 (https://www.complex.com/music/hip-hop-illuminati-obsession; Zugriff 8.4.2023).

Hügel, Hans-Otto: *Ästhetische Zweideutigkeit der Unterhaltung. Eine Skizze ihrer Theorie*. In: *montage AV. Zeitschrift für Theorie und Geschichte audiovisueller Kommunikation* 2(1)/1993, 119–141.

Iser, Wolfgang: *Die Appellstruktur der Texte. Unbestimmtheit als Wirkungsbedingung literarischer Prosa*. In: Rainer Warning (Hg.): *Rezeptionsästhetik. Theorie und Praxis*, München 1975, 228–252.

Iser, Wolfgang: *Der implizite Leser. Kommunikationsformen des Romans von Bunyan bis Beckett*, München 1994 (1972).

Jacobson, Mark: *The Granddaddy of American Conspiracy Theorists*. In: *Rolling Stone* vom 22.8.2018 (https://www.rollingstone.com/politics/politics-features/william-cooper-conspiracy-theory-711469/; Zugriff 8.4.2023).

Jaecker, Tobias: *Antisemitische Verschwörungstheorien nach dem 11. September. Neue Varianten eines alten Deutungsmusters*, Münster 2004.

Jaeschke, Walter & Andreas Arndt: *Die Klassische Deutsche Philosophie nach Kant. Systeme der reinen Vernunft und ihre Kritik 1785–1845*, München 2012.

Kafka, Franz: *Die Sorge des Hausvaters*. In: Ders.: *Sämtliche Erzählungen*. Hg. von Paul Raabe. Frankfurt/M. 1970.

Kant, Immanuel: *Versuch über die Krankheiten des Kopfes*. Werkausgabe Bd. II. Vorkritische Schriften bis 1768 2. Hg. von Wilhelm Weischedel. Frankfurt/M. 2000 (1764).

Kant, Immanuel: *Beantwortung der Frage: Was ist Aufklärung?* In: Ders.: Gesammelte Schriften. Hg. von der Königlich Preußischen Akademie der Wissenschaften. Bd. 8, Berlin, Leipzig 1923, 33–42 (Original in: *Berlinische Monatsschrift* 4/1784, 481–494; Digitalisat des Originals unter https://www.deutschestextarchiv.de/book/view/kant_aufklaerung_1784?p=17; Zugriff 20.4.2023).

Kant, Immanuel: *Kritik der reinen Vernunft*. Werkausgabe Bd. III & IV. Hg. von Wilhelm Weischedel. Frankfurt/M. 2000 (1787).

Kant, Immanuel: *Träume eines Geistersehers, erläutert durch Träume der Metaphysik*. Werkausgabe Bd. II: Vorkritische Schriften bis 1768 2. Hg. von W. Weischedel. Frankfurt/M. 2000 (1766).

Kant, Immanuel: *Was heißt: Sich im Denken orientiren?* In: Ders.: Gesammelte Schriften. Hg. von der Königlich Preußischen Akademie der Wissenschaften. Bd. 8, Berlin, Leipzig 1923, 131–147.

Kant, Immanuel: *Anthropologie in pragmatischer Hinsicht*. Werkausgabe Bd. XII: Schriften zur Anthropologie, Geschichtsphilosophie, Politik und Pädagogik. Hg. von Wilhelm Weischedel. Frankfurt/M. 2000 (1798).

Kapeller, Lukas: *Die Unerhörten: Zu Besuch bei Österreichs Verschwörungsgläubigen*. In: *Der Standard* vom 22.8.2020 (https://www.derstandard.de/consent/tcf/story/2000119506304/die-unerhoerten-zu-besuch-bei-oesterreichs-verschwoerungsglaeubigen; Zugriff 22.8.2022).

Katz, Jacob: *Vom Vorurteil zur Vernichtung. Der Antisemitismus 1700–1933*, München 1989. Heil, Johannes: *»Gottesfeinde« – »Menschenfeinde«. Die Vorstellung von jüdischer Weltverschwörung (13. bis 16. Jahrhundert)*, Essen 2006.

Kay, Aaron C., Jennifer A. Whitson, Danielle Gaucher & Adam D. Galinsky: *Compensatory Control. Achieving Order Through the Mind, Our Institutions, and the Heavens*. In: *Current Directions in Psychological Science* 18(5)/2009, 264–268.

Kernan, Alvin B.: *Reading Zemblan: The Audience Disappears in »Pale Fire«* (Reprint; ursprünglicher Titel: *The Imaginary Library: An Essay on Literature and Society*). In: Harold Bloom (Hg.): *Vladimir Nabokov*, New York 1987, 101–126.

Kernberg, Otto F.: *Narzißmus, Aggression und Selbstzerstörung: Fortschritte in der Diagnose und Behandlung schwerer Persönlichkeitsstörungen*, Stuttgart 2009.

Klausnitzer, Rolf: *Die Formierung des modernen Verschwörungsdenkens in der Aufklärung*. In: Johannes Kuber, Michael Butter, Ute Caumanns, Bernd-Stefan Grewe & Johannes Großmann (Hg.): *Von Hinterzimmern und geheimen Machenschaften. Verschwörungstheorien in Geschichte und Gegenwart* (Im Dialog. Beiträge aus der Akademie der Diözese Rottenburg-Stuttgart, 3/2020), 59–76.

Klein, Melanie: *Notes on some schizoid mechanisms*. In: *International Journal of Psycho-Analysis* 27/1946, 99–110.

Klein, Melanie: *Some Theoretical Conclusions regarding the Emotional Life of the Infant* (1952b). In: *The Works of Melanie Klein*. Bd. 8: Envy and Gratitude and Other Works. Hg. von Roger Money-Kyrle, Betty Joseph, Edna O'Shaughnessy & Hanna Segal, London 1975, 61–94.

Knigge, Adolph Freiherr: *Über Freimaurer, Illuminaten und echte Freunde der Wahrheit*. Hg. u. Einl. von Wolfgang Fenner. Wiesbaden 2008.

Kollegah: *Armaggedon* (2013; https://genius.com/Bosshafte-beats-and-kollegah-armageddon-lyrics; Zugriff 27.6.2023).

Kollegah: *Apokalypse* (2016; https://genius.com/Kollegah-apokalypse-annotated; Zugriff 8.4.2023).

Koschorke, Albrecht: *Wahrheit und Erfindung. Grundzüge einer Allgemeinen Erzähltheorie*, Frankfurt/M. 2021.

Koselleck, Reinhart: *Kritik und Krise. Eine Studie zur Pathogenese der bürgerlichen Welt*, Frankfurt/M. 1976.

Krah, Franziska: *Die Bibel der Antisemiten. Geschichte und Gegenwart der Protokolle der Weisen von Zion*. In: Binjamin Segel: *Die Protokolle der Weisen von Zion kritisch beleuchtet. Eine Erledigung (1924)*, Freiburg/Brsg. 2017, 7–30.

Küntzel, Matthias: *Djihad und Judenhaß. Über den neuen antijüdischen Krieg*, Freiburg/Brsg. 2002.

Kupferblum, Markus: *Die Geburt der Neugier aus dem Geist der Revolution. Die Commedia dell'Arte als politisches Volkstheater,* Wien 2013.

Landesmedienzentrum Baden-Württemberg: *Wie kann man auf Verschwörungstheorien reagieren?* (https://www.lmz-bw.de/medienbildung/themen-von-f-bis-z/verschwoerungstheorien/wie-kann-man-auf-verschwoerungstheorien-reagieren/; Zugriff 14.6.2023).

Langendorf, Jean-Jacques (Hg.): *Pamphletisten und Theoretiker der Gegenrevolution (1789–1799)*, München 1989.

Langford, Barry: *Post-classical Hollywood: Film Industry, Style and Ideology since 1945*, Edinburgh 2010.

Laplanche, Jean & Jean-Bertrand Pontalis: *Vokabular der Psychoanalyse*, Frankfurt/M. 1977.

Leiser, David, Nofar Duani & Pascal Wagner-Egger: *The conspiratorial style in lay economic thinking.* In: *PLoS One* 12(3)/2017, e0171238 (DOI:10.1371/journal.pone.0171238).

Lennhoff, Eugen, Oskar Posner & Dieter A. Binder, *Internationales Freimaurer-Lexikon*, München 2006 (1932).

Lessing, Gotthold Ephraim: *Das Geheimniß*, in: *Sämmtliche Schriften.* Hg. von Karl Lachmann u. Wendelin von Maltzahn. Bd. 1, Leipzig 1853, 133–135 (enthalten auch in: Gotthold Ephraim Lessing: *Das Geheimnis*, in: Ders.: *Sämtliche Gedichte*. Hg. von Gunter E. Grimm. Stuttgart 1987, 186–188).

Lessing, Gotthold Ephraim: *Ernst und Falk. Gespräche für Freymäurer.* In: *Sämmtliche Schriften.* Hg. von Karl Lachmann u. Wendelin von Maltzahn. Bd. 11, Leipzig 1856, 247–306.

Leving, Yuri (Hg.): *Anatomy of a Short Story. Nabokov's Puzzles, Codes, Signs and Symbols*, London 2012.

Lévi-Strauss, Claude: *Anthropologie structurale*, Paris 1974.

Lincoln, Henry, Michael Baigent & Richard Leigh: *The Holy Blood and the Holy Grail*, London 1982 (dt.: Henry Lincoln, Michael Baigent & Richard Leigh: *Der heilige Gral und seine Erben. Ursprung und Gegenwart eines geheimen Ordens. Sein Wissen und seine Macht,* Bergisch Gladbach 1984).

Lorenzer, Alfred: *Sprachspiel und Interaktionsformen. Vorträge und Aufsätze zu Psychoanalyse, Sprache und Praxis*, Frankfurt/M. 1977, 75–101.

Luchet, Marquis de: *Essai sur la secte des illuminés*, Paris 1798, V u. XII.

Luhmann, Niklas: *Die Gesellschaft der Gesellschaft,* Frankfurt/M. 1997.

Mailer, Norman: *Harlot's Ghost. A Novel*, New York 1991.

Makow, Henry: *Illuminati: The Cult that Hijacked the World* (3. Aufl.), Winnipeg 2011.

Malin, Irving: *Reading Madly*. In: Steven G. Kellman & Irving Malin (Hg.): *Torpid Smoke: The Stories of Vladimir Nabokov*, Amsterdam, Atlanta 2000, 219–227.

Markner, Reinhard, Monika Neugebauer-Wölk & Hermann Schüttler (Hg.): *Die Korrespondenz des Illuminatenordens*. Bd. 1: *1776–1781*, Tübingen 2005.

Marrs, Jim: *The Illuminati: The Secret Society That Hijacked the World*, Canton, MI, 2017.

Marx, Karl: *Das Kapital. Kritik der politischen Ökonomie*. Erster Band. In: Karl Marx-Friedrich Engels-Werke [MEW], Bd. 23, Berlin 1962.

Marx, Karl: *Die deutsche Ideologie. Kritik der neuesten deutschen Philosophie in ihren Repräsentanten Feuerbach, B. Bauer und Stirner und des deutschen Sozialismus in seinen verschiedenen Propheten*. MEW Bd. 3, Berlin 1969, 5–530.

Marx, Karl & Friedrich Engels: *Manifest der Kommunistischen Partei*. MEW Bd. 4, Berlin 1974, 459–493.

McAfee, David G. & Yvette d'Entremont: *No Sacred Cows: Investigating Myths, Cults, and the Supernatural*, Durham 2017.

McKenzie-McHarg, Andrew: *The transfer of anti-Illuminati Conspiracy Theories to America in the late 18th Century*. In: Michael Butter & Maurus Reinkowski (Hg.): *Conspiracy Theories in the Middle East and the United States*, Berlin 2012, 231–250.

Mehnert, Henning: *Commedia dell'arte. Struktur – Geschichte – Rezeption*, Stuttgart 2003.

Meltzer, Donald: *The Kleinian Expansion of Freudian Metapsychology*. In: *International Journal of Psychoanalysis* 62/1981, 177–185.

Meyer, Priscilla: *Find What the Sailor Has Hidden: Vladimir Nabokov's »Pale Fire«*, Middletown, Connecticut 1989.

Mitscherlich, Alexander: *Aggression und Anpassung I*. In: *Psyche – Zeitschrift für Psychoanalyse und ihre Anwendungen* 10/1956, 177–193.

Mitscherlich, Alexander: *Aggression und Anpassung II*. In: *Psyche – Zeitschrift für Psychoanalyse und ihre Anwendungen* 12/1958, 523–537.

Mitscherlich, Alexander: *Psychoanalyse und die Aggression großer Gruppen*. In: *Psyche – Zeitschrift für Psychoanalyse und ihre Anwendungen* 25/1971, 463–475.

Mobile Beratung inforex gegen Rechtsextremismus in Rheinland-Pfalz: *Was sind Verschwörungstheorien? Themenblätter, April 2020* (https://www.lks-bayern.de/

fileadmin/user_upload/user_upload/news/2020/2020-04_INFOrex-Nr1-Web-1.pdf; Zugriff 17.6.2023).

Moynahan, Julian: *Vladimir Nabokov,* Minnesota 1971.

Nabokov, Vladimir: *Pale Fire*, 2000 (1962; dt. Übersetzung: Vladimir Nabokov: *Fahles Feuer. Gesammelte Werke* Bd. X, Reinbek 2008).

Nabokov, Vladimir: *Selected Letters 1940–1977.* Hg. von Dmitri Nabokov & Matthew J. Bruccoli. San Diego 1989.

Nabokov, Vladimir: *Signs and Symbols.* In: Ders.: *Collected Stories*, London 2016 (1965), 685–690.

Niederland, William G.: *Folgen der Verfolgung. Das Überlebenden-Syndrom. Seelenmord*, Frankfurt/M. 1980.

Nozick, Robert: *Anarchy, State, and Utopia*, Oxford 1999 (1974).

Oberhauser, Claus: *»Die« verschwörungstheoretische Trias: Barruel – Robison – Starck* (Quellen und Darstellungen zur europäischen Freimaurerei, Bd. 15), Innsbruck 2013.

Oberhauser, Claus: *Barruel – Robison – Starck. Merkmale von Verschwörungstheorien in der Spätaufklärung.* In: Johannes Kuber, Michael Butter, Ute Caumanns, Bernd-Stefan Grewe & Johannes Großmann (Hg.): *Von Hinterzimmern und geheimen Machenschaften. Verschwörungstheorien in Geschichte und Gegenwart* (Im Dialog. Beiträge aus der Akademie der Diözese Rottenburg-Stuttgart, 3/2020), 77–91.

Oberhauser, Claus: *Freemasons, Illuminati and Jews: Conspiracy theories and the French Revolution.* In: Michael Butter & Peter Knight (Hg.): *Routledge Handbook of Conspiracy Theories*, London, New York 2020, 555–568.

Pfahl-Traughber, Armin: *Die neue/alte Legende vom Komplott der Juden und Freimaurer. Zur Renaissance des antisemitisch-antifreimaurerischen Verschwörungsmythos in der Sowjetunion.* In: *Osteuropa* 41(2)/1991, 122–133. http://www.jstor.org/stable/44915643.

Pipes, Daniel: *Verschwörung. Faszination und Macht des Geheimen*, München 1998.

Pohrt, Wolfgang: *Brothers in Crime. Die Menschen im Zeitalter ihrer Überflüssigkeit. Über die Herkunft von Gruppen, Cliquen, Banden, Rackets und Gangs*, Berlin 2000.

Polichinelle maître-maçon. Représenté par les marionnettes de la foire de Saint-Germain (1744), Paris 1919.

Popper, Karl: *Falsche Propheten. Hegel, Marx und die Folgen. Die offene Gesellschaft und ihre Feinde*, Bd. 2. Hg. von Hubert Kiesewetter, übers. P. K. Feyerabend, Tübingen 2003.

Prodigy of Mobb Deep: *Illuminati*. Track 4 auf *H.N.I.C. Pt. 2* (Collectors Edition), Erscheinungsdatum 22.4.2008 (https://genius.com/Prodigy-of-mobb-deep-illuminati-lyrics; Zugriff 9.4.2023).

Prooijen, Jan-Willem van, Karen M. Douglas & Clara De Inocencio: *Connecting the dots: Illusory pattern perception predicts belief in conspiracies and the supernatural.* In: *European Journal of Social Psychology* 48(3)/2018, 320–335.

Pynchon, Thomas: *Gravity's Rainbow*, New York 1973.

Pynchon, Thomas: *The Crying of Lot 49*, London 1979.

Rauer, Constantin: *Wahn und Wahrheit. Kants Auseinandersetzung mit dem Irrationalen*, Berlin 2007, 132.

Reik, Theodor: *Künstlerisches Schaffen und Witzarbeit.* In: Jens Malte Fischer (Hg.): *Psychoanalytische Literaturinterpretation*, München 1980, 188–221.

Reinalter, Helmut (Hg.): *Der Illuminaten-Orden (1776–1787/93). Ein politischer Geheimbund der Aufklärungszeit*, Frankfurt/M. 1997.

Reinalter, Helmut (Hg.): *Handbuch der Verschwörungstheorien*, Leipzig 2018.

Reinalter, Helmut: *Die Weltverschwörer. Was Sie eigentlich alles nie erfahren sollten*, Salzburg 2010.

Reinprecht, Michael: *»Der Holocaust ist das Kainsmal unserer Zivilisation«.* Interview mit Dan Diner. Erschienen am 4.10.2022 in: *NU. Jüdisches Magazin für Politik und Kultur* (https://nunu.at/artikel/der-holocaust-ist-das-kainsmal-unserer-zivilisation/; Zugriff 27.3.2023).

Richter, David H.: *Narrative Entrapment in »Pnin« and »Sign and Symbols«.* In: *Papers on Language and Literature* 20/1984, 418–430.

Roose, Kevin: *The jury's verdict won't stop the lies. The Shift.* In: *The New York Times* (International Edition) vom 8.8.2022.

Rosenberg, Alfred: *Der Mythus des 20. Jahrhunderts. Eine Wertung der seelisch-geistigen Gestaltenkämpfe unserer Zeit*, München 1935 (63.–66. Aufl.).

Rosenzweig, Paul: *The Importance of Reader Response in Nabokov's »Sign and Symbols«.* In: *Essays in Literature* 7/1980, 255–260.

Sammons, Jeffrey L. (Hg.): *Die Protokolle der Weisen von Zion. Die Grundlage des modernen Antisemitismus. Eine Fälschung. Text und Kommentar*, Göttingen 2011.

Saussure, Ferdinand de: *Cours de linguistique générale*. Publié par Charles Bally et Albert Sechehaye, avec la collaboration de Albert Riedlinger. Edition critique préparée par Tullio de Mauro. Paris 1972.

Schilk, Felix: *Die illiberale Demokratie und ihre Feinde*. In: *iz3w – Informationszentrum 3. Welt* 371/2019, 28–31.

Schneider, Heinrich: *Die Entstehungsgeschichte von Lessings beiden letzten Prosaschriften*. In: *PMLA* 63(4)/1948, 1205–1244.

Schneider, Heinrich: *Lessing. Zwölf biographische Studien*, Salzburg 1950.

Schönau, Walter & Joachim Pfeiffer: *Einführung in die psychoanalytische Literaturwissenschaft*, Stuttgart, Weimar 2003.

Schüttler, Hermann: *Zwei freimaurerische Geheimgesellschaften des 18. Jahrhunderts im Vergleich: Strikte Observanz und Illuminatenorden*, in: Erich Donnert (Hg.): *Europa in der Frühen Neuzeit. Festschrift für Günter Mühlpfordt zum 75. Geburtstag*, Weimar, Köln, Wien 1997, 521–544.

Segel, Binjamin: *Die Protokolle der Weisen von Zion kritisch beleuchtet. Eine Erledigung (1924)*, Freiburg/Brsg. 2017.

Self Provoked: *Supposedly*. Track 7 auf *Triangles*, Erscheinungsdatum 28.10.2016 (https://genius.com/Self-provoked-supposedly-lyrics; Zugriff 21.5.2023).

Self Provoked: *Tick Tick*. Track 2 auf *Flavors*, Erscheinungsdatum 7.7.2017 (https://genius.com/Self-provoked-tick-tick-lyrics; Zugriff 17.6.2023).

Semprun, Jaime: *Rive Gauche. Ein Pamphlet gegen die Meisterschwätzer*, Hamburg 1979.

Shea, Robert & Robert Anton Wilson: *The Illuminatus! Trilogy* (*The Eye in the Pyramid, The Golden Apple, Leviathan*), London 1998.

Sirus, Dave: Tweet vom 22.5.2014 (twitter.com/DaveSirus/status/469559708324356096; Zugriff 21.3.2023).

Snow, Rejjie ft. Jesse James Solomon: *USSR*. Track 3 auf *Rejovich EP*; Erscheinungsdatum 24.6.2013 (https://genius.com/Rejjie-snow-ussr-lyrics; Zugriff 6.4.2023).

Sohn-Rethel, Alfred: *Das Geld, die bare Münze des Apriori* (1976/1990). In: Ders.: *Geistige und körperliche Arbeit. Theoretische Schriften 1947–1990.* Schriften IV. Hg. von Carl Freytag, Oliver Schlaudt & Françoise Willmann. Freiburg/Brsg. 2018, 721–798.

Sohn-Rethel, Alfred: *Geistige und körperliche Arbeit* (1970/73/89). In: Ders.: *Geistige und körperliche Arbeit. Theoretische Schriften 1947–1990.* Schriften IV. Hg. von Carl Freytag, Oliver Schlaudt & Françoise Willmann. Freiburg/Brsg. 2018, 185–420.

Sonderegger, Ruth: *Wie Kunst (auch) mit der Wahrheit spielt.* In: Andrea Kern & Ruth Sonderegger: *Falsche Gegensätze. Zeitgenössische Positionen zur philosophischen Ästhetik*, Frankfurt/M. 2002, 209–238.

Splatting Image – Das Magazin für den unterschlagenen Film 31/Sept. 1997.

Square, Greydon: *4th*. Track 2 auf dem Album *Type II: The Mandelbrot Set*, Veröffentlichung 14.10.2012 (https://genius.com/Greydon-square-4th-lyrics; Zugriff 4.7.2023).

Stein, Alexander: *Adolf Hitler. Schüler der »Weisen von Zion«*. Hg. u. eingeleitet von Lynn Ciminski u. Martin Schmitt. Freiburg/Brsg. 2011.

Stengel, Friedemann (Hg.): *Kant und Swedenborg. Zugänge zu einem umstrittenen Verhältnis* (Bd. 38 der Reihe Hallesche Beiträge zur Europäischen Aufklärung), Tübingen 2008.

Stierlin, Helm: *Die Funktion innerer Objekte*. In: *Psyche. Zeitschrift für Psychoanalyse und ihre Anwendungen* 25/1971, 81–99.

Sundquist, Eric J.: *Strangers in the Land: Blacks, Jews, Post-Holocaust America*, Cambridge, MA 2005.

Thalmann, Katharina: *The Stigmatization of Conspiracy Theory since the 1950s: »A plot to make us look foolish«*, Abingdon, Oxon, New York 2019.

Truitt, Brian: *Spoilers! How the bonkers ending of ›The Hunt‹ hinges on misinformation – and one epic ›whoops‹*. In: *USA Today* vom 14.3.2020 (https://eu.usatoday.com/story/entertainment/movies/2020/03/14/the-hunt-spoilers-whoops-heres-how-controversial-movie-ends/5031137002/; Zugriff 5.4.2023).

Viatte, Auguste: *Les sources occultes du romantisme. Illuminisme, Théosophie 1770–1820*. 2 Bde. Paris 1928.

Vitebsky, Peter: *Schamanismus*, Köln 2001.

Voges, Michael: *Aufklärung und Geheimnis. Untersuchungen zur Vermittlung von Literatur- und Sozialgeschichte am Beispiel der Aneignung des Geheimbundmaterials im Roman des späten 18. Jahrhunderts*, Tübingen 1987.

Wallerstein, R.S.: *The Concept of Psychic Reality: Its Meaning and Value*. In: *Journal of the American Psychoanalytic Association* 33/1985, 555–569.

Wang, Cynthia S., Jennifer A. Whitson & Tanya Menon: *Culture, Control, and Illusory Pattern Perception*. In: *Social Psychological and Personality Science* 3(5)/2012, 630–638.

Wellmer, Albrecht: *Versuch über Musik und Sprache*, München 2009.

Wertmüller, Justus: *Verschwörungen gegen das Türkentum. Der Weg der Türkei von der säkularen Erziehungsdiktatur zur islamistischen Volksdemokratie*, Berlin 2017.

Whitson, Jennifer A. & Adam D. Galinsky: *Lacking Control Increases Illusory Pattern Perception*. In: *Science* 322/2008, 115–117.

Whitson, Jennifer A., Adam D. Galinsky & Aaron Kay: *The emotional roots of conspiratorial perceptions, system justification, and belief in the paranormal*. In: *Journal of Experimental Social Psychology* 56/2015, 89–95.

Wieland, Christoph Martin: *Das Geheimniß des Kosmopolitenordens.* In: Ders.: *Werke*, Bd. 3. Hg. von Fritz Martini & Hans Werner Seiffert, München 1967, 550–575.

Wieland, Christoph Martin: *Der goldne Spiegel oder Die Könige von Scheschian. Eine wahre Geschichte aus dem Scheschianischen übersetzt*, in: *Wielands Werke.* Historisch-Kritische Ausgabe. Hg. von Klaus Manger und Jan Philipp Reemtsma, Band 10.1/1. Bearb. von Hans-Peter Nowitzki und Tina Hartmann. Berlin, New York 2008 (1772), 1–358.

Wieland, Christoph Martin: *Ein paar Goldkörner aus – Maculatur oder Sechs Antworten auf sechs Fragen*, in: Wielands Gesammelte Schriften. Hg. von der Deutschen Akademie der Wissenschaften zu Berlin durch Hans-Werner Seiffert. Bd. 23. Kleine Schriften III, 1783–1791, Berlin 1969, 270–275.

Wieland, Christoph Martin: *Geschichte der Abderiten* (1774). In: Ders. *Werke.* Bd. 2, München 1964ff.

Wieland, Christoph Martin: *Politische Schriften, insbesondere zur Französischen Revolution.* 3 Bde. Hg. von Jan-Philipp Reemtsma, Hans & Johanna Radspieler. Bd. I, Nördlingen 1988.

Wilson, Robert Anton: *Cosmic Trigger I. Final Secret of the Illuminati*, Tempe 2000.

Wilson, Robert Anton: *Everything is under Control. Conspiracies, Cults, and Cover-ups*, San Francisco 1998 (dt.: *Das Lexikon der Verschwörungstheorien. Verschwörungen, Intrigen, Geheimbünde*, München 2002).

Wisnicki, A.S.: *Conspiracy, Revolution, and Terrorism from Victorian Fiction to the Modern Novel*, London 2008.

Yablokov, Ilya: *Conspiracy Theories in Putin's Russia. The Case of the »New World Order«.* In: Michael Butter & Peter Knight (Hg.): *Routledge Handbook of Conspiracy Theories*, London, New York 2020, 582–595.

Zimmermann, Robert: *Kant und der Spiritismus*, Wien 1879.

Martin Urban
Wenn das Nachdenken ausfällt
Baupläne für Vorurteile
168 Seiten, 14,5 x 20,5 cm
ISBN 978-3-96317-320-2 (Print)
ISBN 978-3-96317-870-2 (ePDF)

Martin Urban
Wenn das Nachdenken ausfällt
Baupläne für Vorurteile

Unser Weltbild besteht zu etwa 10 Prozent aus Fakten, die unsere Sinne wahrnehmen, zu 90 Prozent jedoch aus Bildern, die wir im Kopf entwickeln. Mit dem jüngsten Wissen der Naturwissenschaften erklärt Martin Urban, warum diese ›Bilder im Kopf‹ oft stärker sind als die Wirklichkeit ist, wir also Vorurteile haben. Was einst eine notwendige Voraussetzung für das Entstehen und Überleben des modernen Menschen war, der sich als Homo sapiens sapiens versteht, bildet heute einen Boden für radikale Positionen und stellt eine ernsthafte Gefahr für unseren gesellschaftlichen Zusammenhalt dar.
Urbans Ziel ist, die Zusammenhänge unter den Gegebenheiten unserer Zeit – in ihren historischen Entwicklungen und Fehlentwicklungen – darzustellen und zu erklären. Mit dem Auftreten von Donald Trump beginnt das Thema besonders aktuell zu werden. Mittlerweile bilden Corona-Verschwörungsgläubige, Impfgegner/innen, Querdenker/innen, religiöse Fundamentalisten, Reichsbürger und immer wieder neue Gruppen Netzwerke, um mittels Vorurteile das Nachdenken zu ersetzen. Der Autor nutzt die jüngsten Erkenntnisse der Wissenschaften wider ihre Verächter von den Fake-News-Fronten. Das Ergebnis ist ein Votum für die Aufklärung, für eine moralische Verpflichtung, nach den Fakten zu fragen, wissen zu wollen.